BETTINA FLITNER

VÄTER & TÖCHTER

Geschichten einer

besonderen Beziehung

ELISABETH
SANDMANN
VERLAG

VÄTER & TÖCHTER

INHALT

6
Uli & Duddi
Session an der Seine

12
Pia-Kim & Werner
Trecker und Tüllkleid

18
Nanda, Nora, Selina & Ranga
Die furchtlosen Vier

28
Alea & Kai-Uwe
Das Team

34
Ellen & Alfred
Tempo, Tempo

40
Enya & Detlev
Die Vertrauten

48
Antonia & Klaus
Der Ruhepol

54
Maryam & Esmaeel
Zwei Dickköpfe

60
Insa & Gerhard
Zu den Sternen

70
Petra & Daniel
Zwei, ganz oben

80
Düzen & Seyhmus
Die Mutigen

88
Martina & Peter
Die Komplizen

94
Danielle & Peter
Feuer und Eisen

102
Janina & Torsten
Die Zwei

108
Ana & August
Bühne und Berge

116
Elisa & Friedbert
Meister und Meisterin

122
Franziska & Martin
Die Ausdrucksvollen

132
Katja & Karl
Die Glücksbringer

BETTINA FLITNER

VORWORT

Da steht ein seltsames Wesen in unserem Flur. Es ist groß, ja riesig. Große Füße, kräftige Beine, riesige Hände. Es trägt einen langen, dunklen Mantel, bis zum Hals zugeknöpft. Aus dem hochgeschlagenen Mantelkragen schaut ein blonder Kinderkopf heraus. Das ist mein Kopf.

Ich bin fünf Jahre alt und sitze auf den Schultern meines Vaters. Er ist vollständig unter dem Mantel verborgen und von mir ist nur der Kopf zu sehen. Wir betrachten uns im Flurspiegel und lachen über das Wesen mit dem großen Körper und dem kleinen Kopf. Ein Wesen, das aus Vater und Tochter zusammengesetzt ist. Ich schaue von oben an meinem langen Körper hinunter. So groß war ich noch nie. So stark war ich noch nie. Aber ich kann keinen der Körperteile bewegen, das kann nur mein Vater. Er blinzelt durch die geschlossene Knopfleiste. Dann hebt er seine rechte Hand und kratzt sich an meinem Kopf.

Ich bin der Ast, der aus dem Stamm wächst. Der Apfel, der nicht weit fällt. Der Spross des Stammbaumes. Ich sitze auf den Schultern meines Vaters und zusammen bilden wir ein neues Geschöpf. Eines, das größer ist als wir beide. Es sieht ein bisschen aus wie Bibo, der gelbe Vogel aus der Sesamstraße. Und es bewegt sich ähnlich ungelenk wie er. Mein Kopf schaukelt über dem langen Mantel meines Vaters hin und her. Es ist schön hier oben, ich kann weit blicken. Hinter dem Horizont geht es weiter. Aber ich weiß, dass ich eines Tages da runter muss. Denn meinen eigenen Weg gehen kann ich nur auf meinen eigenen Füßen. Und meinen Kopf, ja, den nehme ich mit.

Väter und Töchter, das kann eine ganz besondere Beziehung sein. Väter können ermutigen, anspornen, fordern. Sie können Türen öffnen, zur Welt, zum Universum. Und wenn man beim Hinaustreten über die Türschwelle stolpert und sich das Knie aufschlägt, dann kleben Väter ein Pflaster drauf und weiter geht's. Väter wissen alles und sie wollen, dass die Töchter es auch wissen.

Väter bauen die Märklin Eisenbahn auf, aber verkabeln falsch, sodass die Schienen unter Strom geraten. Väter lehnen sich in Neapel weit, sehr weit aus dem Hotelfenster und werfen kleine Steinchen in die Luft, um die heranjagenden Fledermäuse und das Echolot zu erklären. Väter machen lehrreiche Experimente. Sie haben eine Stoppuhr in der einen Hand und ein Gewicht in der anderen und wollen messen, wie lange das Gewicht braucht, um fünf Stockwerke in die Tiefe zu fallen. Dann zählen sie bis drei und lassen die Stoppuhr fallen. Väter steuern den Schlitten immer haarscharf am Abgrund vorbei und finden, dass das Überschlagen eine effektive Bremsmethode ist.

Wenn Väter den Boden wischen, wickeln sie sich zwei Lappen um die Füße und fahren Schlittschuh durch die Küche. Wenn sie in dem dänischen Ferienhaus mit den niedrigen Dachbalken den Abwasch

BETTINA FLITNER VORWORT

machen, setzen sie ein Stahlsieb auf den Kopf, um sich nicht an der Decke zu stoßen. Manche Väter machen Hausarbeit, zumindest meiner, und meistens wird daraus ein einziges großes, buntes Spiel.

Die 18 Vater-Tochter-Paare in diesem Buch sind alle ganz unterschiedlich. Vater und Tochter wohnen an einem Ort oder weit auseinander. Sie leben beide in Bonn oder im Berner Oberland; oder die Tochter lebt in Paris und der Vater in Hamburg; sie leben beide in Gelsenkirchen oder im Chiemgau; oder der Vater lebt an der Bergstraße und die Tochter in Bremen. Sie arbeiten miteinander oder haben ganz unterschiedliche Berufe. Sie sind Schornsteinfeger und Schornsteinfegerin, Polizist und Jurastudentin, Astronaut und angehende Astronautin; sie sind Fernmeldetechniker und Schmiedin, Architekt und Lehrerin, Fliesenleger und Menschenrechtsaktivistin, Lackierermeister und Rennfahrerin, Älpler und Älplerin. Manchmal folgt die Tochter den Spuren des Vaters, manchmal erweitert sie das Terrain. Manchmal macht sie das, was der Vater gerne gemacht hätte, und manchmal sogar das Gegenteil. Diese Töchter sind zwischen 18 und 68, diese Väter zwischen 49 und 93 Jahre alt.

Gemeinsam ist ihnen allen, dass sie eine besondere Beziehung zueinander haben. Sie sind beste Freunde, Vertraute, Komplizen. Fast immer waren sie es von Anfang an. Manche von ihnen sind durch schwere Zeiten gegangen und dadurch noch enger zusammengewachsen. Die Tochter hat sich als Mädchen am Vater orientiert, doch heute steht sie ihm als eigenständige, unabhängige Frau gegenüber.

Allen Vätern in diesem Buch ist gemeinsam, dass sie ihren Töchtern Stärke und Freiheit gegeben haben, das Rüstzeug für ein selbstbestimmtes Leben. Allen Töchtern ist gemeinsam, dass sie stark und selbstbewusst sind und über den Satz »Das ist nichts für ein Mädchen« schallend lachen. Sie trauen sich alles zu. Einfach alles.

Manchmal musste sich die Tochter freischaufeln, von Vaters Schultern steigen, ihren eigenen Kopf durchsetzen. Möglich gemacht hat dies das frühe Krafttraining, das die Tochter so unerschrocken in den Ring steigen ließ. Und das ihr geholfen hat, später so selbstverständlich ihren Platz in der Welt einzunehmen.

Ihren eigenen Weg finden musste auch die Schauspielerin Franziska Walser, Tochter des Schriftstellers Martin Walser. Ich treffe sie und ihren Vater in Überlingen. Zwei Stunden sitzen Vater und Tochter auf einer schattigen Bank am Ufer des Bodensees und sprechen über ihre Beziehung. »Ich wollte etwas machen, das nicht ganz weit weg ist von dir, aber ich wollte doch etwas Eigenes machen«, sagt sie zu ihrem Vater. Er ergreift ihre Hand. Franziska wird mir später schreiben: »Ich habe mit meinem Vater noch nie so ein Gespräch gehabt, dazu braucht es eben einen Anlass. Ich habe Dinge erfahren, die mir so nicht bewusst waren, die aber für mich sehr wertvoll sind.«

Und was ist mit den Müttern? Bei manchen der Vater-Tochter-Paare in diesem Buch ist die Mutter nicht mehr da (so wie auch bei mir). Bei anderen haben fast alle Mütter das Band zwischen Vater und Tochter bewusst gestärkt. Sie wissen, was diese Schubkraft für die Tochter bedeutet. Sie unterstützen den Vater in seinem Da-Sein für die Tochter. Die besondere Vater-Tochter-Bindung wäre ohne eine gelassene und starke Mutter nicht möglich.

Jede einzelne Geschichte in diesem Buch ist anders. Und dennoch gibt es ein Muster, das sich durchzieht:

»Die kann alles«, sagt auch Karl aus Herne über seine Tochter Katja, die hier die Autorin und Fotografin Bettina Flitner in ihre Mitte nehmen. Trotzdem war es für Schornsteinfegermeisterin kein ganz leichter Weg auf die Dächer. »Wenn mich mein Vater damals nicht ermutigt und unterstützt hätte, hätte ich das nicht geschafft.«

Keinem der Väter wäre es jemals eingefallen zu denken, dass Jungen und Mädchen nicht das Gleiche können. Klar, das ist das ABC, die Grundvoraussetzung. Eine wichtige Zutat scheint Vertrauen zu sein. Vertrauen, das der Vater, die Eltern ihren Kindern schenken. »Die kann alles« war der Satz, der in den Gesprächen mit Vätern und Töchtern am häufigsten fiel.

Und dieses Vertrauen schafft etwas, das der Wissenschaftsjournalist Ranga Yogeshwar auf den Punkt bringt. Ich sitze mit ihm und seinen drei Töchtern Nanda, Nora und Selina im heimischen Garten in Hennef. Die Töchter sind aus Berlin, München und London für unser Treffen angereist. Eine Maschinenbauerin, eine Informatikerin und eine Neurowissenschaftlerin. Alle drei strahlende junge Frauen, die dabei sind, die Welt für sich zu erobern. »Angstfreiheit«, sagt Ranga Yogeshwar, »das ist für mich das Wichtigste. Wenn es eine Botschaft gibt, dann die: Hab keine Angst. Geh deinen eigenen Weg.«

Für mich war es ein wahres Abenteuer, die in diesem Buch porträtierten Väter und Töchter zu treffen. Einiges habe ich bei diesen Begegnungen wiedererkannt. Und vieles habe ich neu erfahren, darüber, wie eine Vater-Tochter-Beziehung auf Augenhöhe gelingen kann. Ich danke allen in diesem Buch Porträtierten, dass sie mich teilhaben ließen an ihrem Leben und an ihrer Geschichte – und dass sie mir vertraut haben.

Mein Vater ist heute 92 Jahre alt. Neulich war ich mit ihm essen. Wir saßen in einem Restaurant mit weißen Tischdecken und schwerem Tafelsilber. Mein Vater holte Streichhölzer aus der Tasche und schob sie unter die Decke, unter die Weingläser, die Teller, das Besteck. Der sorgsam gedeckte Tisch sah plötzlich verwirrend aus, wie nach einem leichten Erdbeben, alles stand leicht schief. »Herr Ober«, rief er den heraneilenden Kellner, »was ist denn mit Ihrem Tisch los? Das sieht ja unmöglich aus.« Mein Vater fährt immer noch Schlittschuh durch die Küche, nur ein kleines bisschen langsamer als früher. Ihm ist dieses Buch gewidmet.

ULI & DUDDI

SESSION AN DER SEINE

»Dass ich so eine Rampensau geworden bin, habe ich meinem Vater zu verdanken. Er hat mich einfach nie gebremst, hat mir das Selbstbewusstsein gegeben.«

Karl-Heinz, genannt Duddi, hatte früher einen Musikclub in Hamburg. Musik schweißte die Familie immer zusammen, das Musizieren, das Auftreten lernte Tochter Uli von früh auf.

ULI & DUDDI SESSION AN DER SEINE

»Wir sind aufgehalten worden!«, ruft Uli vom Ende des Quais. Ihr buntes Kleid flattert im Wind, sie zerrt an ihrem Rollkoffer, der nur mühsam über das Kopfsteinpflaster hinter ihr her holpert. Auf dem Kopf trägt sie eine Art Krone. Ihr Vater schwenkt hinter ihr die Gitarre. »Wir sind wieder mal aufgehalten worden«, stößt sie erneut hervor und lässt sich auf die Steinbank an der Spitze der Île St. Louis fallen. Nicht der schlechteste Platz auf der Welt, um wieder zu Atem zu kommen. Die kleine Insel mitten in Paris. Mit Blick auf die Schiffe und den Himmel. Treffpunkt für Liebespaare und Picknickplatz für Familien.

»Auf der Brücke da oben hat jemand einfach mitten auf der Straße angehalten, ist aus dem Auto gestiegen und hat meine Tochter auf beide Wangen geküsst«, sagt Karl-Heinz Rohde, genannt Duddi, mit Hamburger Akzent und unüberhörbarem Stolz in der Stimme. »Ich wusste ja gar nicht, dass sie hier so'n Fass aufgemacht hat!« Uli lacht schallend, die Krone auf ihrem Kopf funkelt in der Sonne.

Das Fass, das Uli in Paris aufgemacht hat und das inzwischen dauerüberläuft, hat mit ihrer Leidenschaft für Musik zu tun. Vor ein paar Jahren hat sie die Kabylen, die aus dem Nordosten Algeriens stammen, und ihre Lieder für sich entdeckt. Viele Angehörige dieses traditionell unterdrückten, stolzen algerischen Volksstammes sind nach Frankreich ausgewandert. Uli singt die poetischen, bildreichen Lieder erst privat, dann bei kleinen Konzerten. 2015 hat Uli einen Auftritt, der ihr Leben verändern sollte. Sie steht in kabylischer Tracht mit ihrer Gitarre vor Tausenden von Berbern und singt ein bei den Kabylen sehr beliebtes Lied. »Als ich von der Bühne runterkam, wurde ich von Hunderten von Menschen umringt. Es war unglaublich. Alle wollten Unterschriften und Selfies.« Uli wurde zum Sprachrohr der Kabylen. 170 000 kabylische FollowerInnen bei Facebook lieben sie dafür. Die stolzen Berber tragen den deutschen Energiebolzen quasi auf Händen.

»Was ich an meiner Tochter mag? Sie steckt immer voller Überraschungen, sie ist ein bisschen verrückt. In Hamburg würde man sagen, dass sie n' Vooogel hat«, sagt Duddi und lacht. »Sie wohnt jetzt in einer klitzekleinen Wohnung in der Pariser Vorstadt, wo sie doch vorher im goldenen Nest in Hamburg gesessen hat.«

In der Tat hat Uli die Villa im beschaulichen Reinbek vor zwei Jahren gegen eine Hochhaussiedlung in der Pariser Banlieue getauscht: Saint Denis, ein sozialer Brennpunkt. Hier arbeitet die 40-Jährige als Lehrerin für Deutsch mit Kindern aus 20 verschiedenen Nationen. Und auch in der Schule singt sie manchmal, zur Freude der kabylischen Kinder, kabylische Lieder.

Aufgewachsen sind Uli und ihr Bruder in einem Boheme-Haushalt. »Es mangelte uns stets an Geld, aber nicht an Liebe und Kreativität.« Duddi betrieb neben seinem Beruf als Architekt einen Musikclub in Hamburg. Das Haus war immer voll mit Musikern – und Duddi mit den Kindern mittendrin. Es wurde gejazzt und gebluest, bis sich die Balken bogen. Vater am Klavier, Bruder an der Gitarre und Uli sang.

»Wir waren eigentlich keine Eltern im klassischen Sinne, wir wollten nicht erziehen. Wir waren mit unseren Kindern befreundet«, sagt Duddi. Pubertät? Fiel aus, gegen wen schließlich hätte man rebellieren sollen? Ein paar Verbote gab es schon: keine Drogen und »am besten nicht rauchen«. Aber sonst wurde den Kindern einfach freien Lauf gelassen. »Manchmal auch zu viel«, wie die heutige Lehrerin Uli im Rückblick findet. »Mit der Schule hättet ihr ruhig strenger sein können.«

ULI & DUDDI SESSION AN DER SEINE

Musik schweißte die Familie zusammen, und dass man sich sozial engagierte, gehörte von Anfang an mit dazu. Konzerte im Altenheim, in der Schule, im Gefängnis. Das Musizieren, das Auftreten lernt Uli von früh auf. »Dass ich so eine Rampensau geworden bin, habe ich meinem Vater zu verdanken. Er hat mich einfach nie gebremst, hat mir das Selbstbewusstsein gegeben.« Uli mag sich zeigen, sie mag den Auftritt, sie kann vor vielen Menschen singen und reden. Und das setzt sie vielfältig ein, sie engagiert sich auch heute sozial und politisch.

Uli und Duddi, das war wohl Liebe auf den ersten Blick. Die Tochter saß selten bei der Mutter, sondern immer beim Vater auf dem Schoß, hat mit ihm geschmust, ihm die Fingernägel bunt lackiert. »Er hat meine Ticks unterstützt, nichts war ihm peinlich, er war immer dabei und zu allen Schandtaten bereit. Meine Mutter hat mich eher ermahnt: ›Jetzt sei mal ein bisschen bescheiden.‹ Mein Vater hat immer nur gesagt: ›Nö, wieso denn?‹«

Eigentlich hätte es immer so weitergehen können. Und dann, vor knapp drei Jahren, ereignet sich die Katastrophe: Die Mutter kommt bei einem Verkehrsunfall ums Leben. Das ganze Gefüge bricht auseinander. Der Musikclub wird geschlossen. Doch die Verbindung von Vater und Tochter, die wird noch inniger.

Der Tod der Mutter sortiert die Rollen neu. Hatte Duddi seiner Tochter früher die Welt geöffnet, bringt Uli ihrem damals 75-jährigen Vater nun Waschen und Kochen bei. Und dennoch sagt Uli ihrem Vater einige Monate nach dem Tod der Mutter, dass sie nach Paris gehen wird. Der Vater ist traurig. Aber er ist viel zu neugierig und weltoffen, um sie zurückzuhalten. Die beiden telefonieren jetzt täglich eine Stunde miteinander. »Mit meinem Vater kann man alles«, sagt Uli. »Mit ihm kann man diskutieren, reden, schweigen und manchmal auch weinen.«

Der Pariser Regenhimmel hat sich aufgelockert, blaue Fetzen blitzen durch die Wolken. Duddi packt die Mundharmonika aus, Uli schnappt sich die Gitarre. Die Foto- und Musiksession an der Seine kann beginnen. Die Tochter gibt den Takt vor, der Vater lehnt lässig am Laternenpfahl. Verbunden und aufeinander eingespielt und doch eigenständig. Das ist es vielleicht, was die Kombination der beiden so positiv und mitreißend macht. Und ab geht's. Englisch, Französisch, Kabylisch. Plötzlich ruft jemand von oben etwas herunter und winkt heftig. Uli winkt lässig zurück. Ein Kabyle, wer sonst.

Dann müssen Uli und Duddi los. Sie sind noch zum Essen verabredet. Mit Freunden. Natürlich zusammen. Uli lacht stolz, als sie sagt: »Mein Vater ist so beliebt, dass ich ihn überall hin mitbringen muss. Das gäbe enttäuschte Gesichter, wenn ich ohne ihn käme.«

ULI & DUDDI   SESSION AN DER SEINE

»Mit meinem Vater kann man alles«, sagt Uli. Dann beginnt die Musiksession an der Seine: Duddi packt die Mundharmonika aus, Uli schnappt sich die Gitarre. Die Tochter gibt den Takt vor.

PIA-KIM & WERNER

TRECKER UND TÜLLKLEID

»Ich hatte die Freiheit, das zu tun,
was ich möchte.«

PIA-KIM & WERNER   TRECKER UND TÜLLKLEID

»Das ist zwar verboten«, sagt Pia-Kims Vater am Telefon, »aber das macht nichts.« Im Hintergrund höre ich Tochter und Mutter lachen. Also biege ich von der hoffnungslos verstopften Landstraße ab, querfeldein auf einen holprigen Feldweg Richtung Gifhorn. Mitten durch die Felder, über Stock und Stein. Vierzig Minuten später bin ich da. Ein großer Hof, eine Scheune, ein Gewächshaus und jede Menge bebaute Ackerfläche drum herum.

»Als typischen Landwirt würde ich meinen Vater nicht bezeichnen«, hatte Pia-Kim Schaper vorab geschrieben. »Er hat früher Yoga gemacht und war Vegetarier. Er spielt Golf und kocht gerne.« Als Werner Schaper mir die Tür öffnet, sehe ich Zopf und Ohrring.

Erst mal gibt es die »Gemüsekurve« zu besichtigen. Den Hofladen, der von Pia-Kim betreut wird. Das kleine Holzhaus steht gleich neben dem Bauernhof und ist gut gefüllt mit Obst, Tomaten und frischem Gemüse, das meiste aus dem eigenen Anbau.

Auf zu den Feldern, auf denen es wächst. Werner schwingt sich auf den Traktor, Pia-Kim und ich fahren mit dem Auto hinterher. Nach wenigen Minuten stehen wir zwischen knackfrischem Grünkohl, auf dem die Regentropfen der vergangenen Tage funkeln. Weiter hinten gibt's Möhren und rot leuchtende Kürbisse.

Mit jedem Schritt sinkt man in die durchnässte Erde ein und es bleiben schwere Erdklumpen an den Schuhen kleben, die das Gehen mit Kamera und Stativ mühsam machen. Für Pia-Kim und Werner ein Geschenk. Endlich Regen! Nach der langen, trockenen Hitze der vergangenen Wochen. Die Ernte ist gerettet.

Der 68-jährige Werner ist Landwirt mit Leib und Seele. Er hat den Hof von seinen Eltern übernommen, ohne es jemals hinterfragt zu haben. Das war einfach so. Heute ist das anders. Werners Frau Helga hat als Sozialpädagogin, nie als Bäuerin gearbeitet. Und Werners Tochter?

Eigentlich war Pia-Kim, das einzige Kind, für die Nachfolge vorgesehen. Aber die Eltern ließen ihr von Anfang an die Wahl. Schon früh schenkt Werner der kleinen Pia-Kim ein Nintendo, hängt ihr eine Dartscheibe auf, baut ihr ein Baumhaus und eine Werkbank. Aber sie trägt auch rosa Tüllkleidchen, spielt mit der Barbie und geht zum Kindertanzen. Mit 16 macht sie den Treckerführerschein. Natürlich hatte der Vater da die Hoffnung, dass der Hof mit der Tochter weitergeht.

Aber Pia-Kim kehrte Gifhorn acht Jahre lang den Rücken. Sie geht zum Studium nach Hamburg und Leipzig. Doch eines Tages kommt sie dann doch zurück. »Das hätten wir nie gedacht«, sagt Werner und lächelt. Heute lebt Pia-Kim mit ihrem Mann auf dem Hof. Die 32-Jährige arbeitet hauptberuflich als Redakteurin bei einer landwirtschaftlichen Fachzeitschrift und macht nebenher die »Gemüsekurve«.

Übernimmt sie vielleicht nun doch noch eines Tages den Hof? »Ja«, sagt der Vater. »Nein«, sagt Pia-Kim. »Ich will nicht zurückstecken, nur um das Erbe aufrechtzuerhalten. Und ich hatte eigentlich immer das Gefühl, dass es dir wichtig ist, dass ich mich nicht verpflichtet fühlen muss.« Werner nickt. Es hat eben nicht nur Vorteile, eine selbstbewusste und willensstarke Tochter zu haben.

»Erst vor drei, vier Jahren ist mir aufgefallen, dass ich als Kind vollkommen geschlechterneutral erzogen wurde«, erzählt Pia-Kim, als wir später in der warmen Küche des Bauernhofes sitzen. »Ich hatte die Freiheit, das zu tun, was ich möchte.« »Stimmt«, bekräftigt Vater Werner, selbst mit drei Schwestern aufgewachsen.

»Als typischen Landwirt würde ich meinen Vater nicht bezeichnen«, sagt Pia-Kim, »er hat früher Yoga gemacht und war Vegetarier.«

Kartoffeln, so weit und so hoch das Auge reicht. Tonnen warten in dem Dunkel auf ihre Verarbeitung zu Kartoffelchips.

PIA-KIM & WERNER   TRECKER UND TÜLLKLEID

»Ich habe mir einfach keine Gedanken darüber gemacht, ob ich sie jetzt als Mädchen oder als Jungen erziehen soll. Und meine Frau war damals schon EMMA-Leserin«, ergänzt er lachend. »Erst jetzt ist mir klar geworden, dass ich früher immer mit den Jungs sitzengeblieben bin, während meine Cousinen den Tisch abgeräumt haben«, erinnert sich Pia-Kim. »Ich wusste einfach nicht, dass man das von einem Mädchen erwartet.«

Als Pia-Kim klein war, hatte Werner zu Erntezeiten manchmal wochenlang keine Zeit. »Da hast du von fünf Uhr morgens bis zehn Uhr abends gearbeitet.« Aber danach ging es dann immer zusammen ins lange Wochenende. Und alles wurde nachgeholt. Später wurde dann so ein Wochenende noch länger. Da brachen Vater und Tochter mit dem Wohnmobil zu einer fünfwöchigen Neuseelandtour auf.

»Du und ich waren uns schon immer sehr ähnlich, meine Mutter und ich sind sehr verschieden. In dir erkenne ich mich einfach wieder«, sagt Pia-Kim. Zielstrebigkeit, ein hoher Anspruch an sich selbst – und ein Problem mit Hierarchie. »Wir können beide einfach nicht den Weg einhalten, der vorgeschrieben ist.« »Zu dem, dann zu dem und dann zu dem ... das ist uns zu blöd! Wir wollen gleich zum Entscheider«, ergänzt Werner.

Kurz vor der Abfahrt öffnen die beiden noch das Tor der großen Scheune: Kartoffeln, so weit und so hoch das Auge reicht. Schlagartig schrumpft man auf Zwergengröße angesichts dieser gigantischen Menge. Tonnen warten im Dunkel der Halle auf ihre Verarbeitung zu Kartoffelchips. Pia-Kim und Werner klettern auf der Leiter ganz nach oben. Und ich hinterher. Während die beiden sicher und selbstverständlich mit der Lampe in der Hand voranschreiten, krabbele ich über die rollenden und rutschenden Kartoffeln auf allen Vieren hinterher.

Zum Abschied reicht Pia-Kim mir noch einen Bund Möhren ins Auto und durch die Rückscheibe sehe ich alle drei winken. Wie es wohl weitergeht mit dem Hof? Wäre doch eigentlich schön, wenn er in der Familie bliebe.

NANDA, NORA, SELINA & RANGA

DIE FURCHTLOSEN VIER

»Mit Leidenschaft, nicht mit Ehrgeiz, hat Papa immer gesagt.«

NANDA, NORA, SELINA & RANGA · DIE FURCHTLOSEN VIER

Ich antworte sofort auf die Mail der Mutter. Sie schreibt: »Unsere Töchter sind Ende der Woche ein paar Tage alle zusammen hier. Ob wir in absehbarer Zeit noch einmal alle unter einen Hut bekommen, ist fraglich.« Jetzt sitze ich an einem Sommertag in dem verwunschenen Garten mit Teich und Schilf bei Hennef. Ab und zu taucht Uschi, die Mutter, im Hintergrund auf, sie hat zu tun. Sie ist die Managerin der Familie und ihres Mannes. Alle sind versammelt bis auf Julian, den Sohn, der Älteste. Vater Ranga Yogeshwar, 61, Physiker und bekannter Wissenschaftsjournalist, könnte fast der ältere Bruder seiner Töchter sein, so wie er aussieht, in Jeans und T-Shirt. Nanda (25), Nora (23) und Selina (21) werden morgen wieder in München, Berlin und London sein. Wir setzen uns in den Garten und legen los.

Ihr wohnt ja idyllisch hier, inmitten von Wiesen und Pferdekoppeln.

Nanda: Ja, früher sind wir immer zu den Ponys hingelaufen.

Nora: Papa hat gesagt: »Auf eigene Verantwortung.«

Nanda: Wir haben sie gerufen und einmal kam eine ganze Herde von Pferden auf uns zugeballert. Und du, Nora, hast gesagt: »Wenn die kommen, müsst ihr nur die Arme hochreißen und schreien.« Das haben wir auch gemacht – und es funktioniert.

Ranga: Ehrlich gesagt habe ich ein bisschen die Luft angehalten.

Woher hatten du und deine Frau die Nerven, das zu riskieren?

Ranga: Angstfreiheit. Das ist für mich das Wichtigste.

Ihr drei habt dann später alle sogenannte männliche Berufe gewählt. Du, Nanda, hast Maschinenbau studiert und arbeitest jetzt als Informatikerin in München; du, Nora, studierst noch Informatik in Berlin; und du, Selina, studierst Neurowissenschaften in London.

Nanda: Ich habe immer gerne Ikea-Möbel aufgebaut und hatte Mathe-Leistungskurs. Und da hat Papa gesagt: »Wie wäre es denn mit Maschinenbau?« Wir sind zusammen nach Aachen gefahren und haben uns das Werkzeugmaschinenlabor der Technischen Hochschule RWTH angeschaut. Und da habe ich gedacht, ich mach das jetzt einfach mal. Die ersten vier Semester waren echt fies, da wird ausgesiebt, aber ich habe das dann durchgezogen. Man könnte sagen: Der Papa hat den Trichter geformt. Und dieser Trichter hatte viele Öffnungen, durch die ich dann meinen Weg finden konnte.

Ranga: Das ist meine Haltung für jeden, unabhängig, ob Mädchen oder Junge: Mach etwas, was dich erfüllt, wofür du eine Leidenschaft hast.

Selina: Mit Leidenschaft, nicht mit Ehrgeiz, hat Papa immer gesagt.

Wie war das bei dir, Nora?

Nora: Ich habe angefangen, Design zu studieren. Das Künstlerische wurde sehr stark von Papa und Mama unterstützt. Ich erinnere mich an eine Zeit, da hatte ich echt nur Stress mit den Eltern. Ich habe in der Schule den Lenz gemacht. Das Einzige, was mich wirklich interessiert hat, war Filmen. Dann kam Weihnachten und es war klar, dass es für mich nichts Großes geben wird. Alle bekamen ihre Geschenke und ich dachte, okay, du bekommst jetzt nichts, vielleicht ja auch zu Recht. Aber dann baten mich Papa und Mama ins Büro und ich bekam das größte Geschenk, das ich je bekommen habe: eine professionelle Filmkamera.

NANDA, NORA, SELINA & RANGA   DIE FURCHTLOSEN VIER

Ranga Yogeshwar, Physiker und Wissenschaftsjournalist, und seine drei Töchter Nanda, Nora und Selina. »Papa hat immer gesagt: ›Mach einfach!‹… Das ist echt so eine Prägung, die du uns mitgegeben hast. Einfach mal machen.«

NANDA, NORA, SELINA & RANGA   DIE FURCHTLOSEN VIER

Ranga: Ich habe verstanden, dass sie keine Lust auf Schule hatte. Schule ist sowieso ein furchtbares Gefäß. Alle müssen dienstags um 10 Uhr Französisch lernen oder sich donnerstags um 9 Uhr für Mathe interessieren. Alle müssen im Gleichschritt lernen, dabei hat jeder Phasen, in denen er langsamer oder schneller lernt. Eine schlechte Note in der Schule heißt gar nichts. Das Wichtigste ist es, einem Kind zu sagen: Ich vertrau auf dich. Ich weiß, in dir steckt was, verliere nicht das Vertrauen in dich selbst.

Nora: Ich hatte mal eine Fünf in Chemie und da hat der Lehrer gesagt: »Von zu Hause kommt bestimmt Druck von deinem Vater.« Nee, das war nie so.

Ranga: Ja, das war ätzend. Für manche Lehrer war ich so eine Autoritätsperson und dann wurde das Bild gebaut: die Yogeshwar-Kinder müssen alle gut sein.

Selina, wie war das bei dir?

Selina: Nach der Schule wusste ich nur, dass ich etwas mit Menschen machen wollte, und habe mich dann für einen breiten Studiengang, Human Sciences, entschieden: der Mensch aus einem naturwissenschaftlichen Blickwinkel. Natürlich war das von zu Hause geprägt, hier wurde eben alles eher aus einer naturwissenschaftlichen Perspektive betrachtet. Dann habe ich angefangen, mich fürs Gehirn zu interessieren. Und mein entscheidender Schritt für die Neurowissenschaft war ein Praktikum. Ich habe einfach einem guten Professor geschrieben: »Hallo, ich find's eigentlich ganz cool, was Sie so machen, kann ich mir das mal angucken?« Meine beste Freundin hat gesagt: »Was, du schreibst dem einfach?«

Ranga: Er war an der Stanford University die Nummer eins in dem Bereich ...

Selina: Ja, Papa hat immer gesagt: »Mach einfach. Ruf einfach mal an, im schlimmsten Fall sagt er Nein.« Und es hat funktioniert.

Nora: Das ist echt so eine Prägung, die du uns mitgegeben hast. Einfach mal machen. Ich habe zum Beispiel Au-pair in Paris gemacht, das wollte ich kombinieren mit Einblicken in die Medizin. Und da habe ich einfach ein paar Ärzte angeschrieben und bei einem von denen habe ich dann Au-pair gemacht. It works.

Ranga: Und das lief nie über Vitamin B. Ich bin im Kuratorium vom Deutschen Museum. Und eines Tages ruft mich der Direktor an und sagt: »Ist ja super, dass deine Tochter hier ein Praktikum macht.« Ich wusste gar nichts davon, dass Selina sich dort beworben hatte. Und auch Nanda hat in München und nicht in Aachen studiert, wo viele mich kennen. Sie wollte eben nicht die »die Tochter von« sein.

Nanda, hast du dann in deinem Studiengang Maschinenbau, in dem ja wahrscheinlich die meisten der Kommilitonen Jungs sind, gemerkt, dass da etwas anders läuft als zu Hause?

Nanda: Von 800 Studierenden waren 60 Frauen. Einmal habe ich zwei Wochen mit einem Jungen zusammengearbeitet. Wir mussten für ein Problem die Lösung erarbeiten. Und ich habe vorgeschlagen, lass uns das doch mal so ausprobieren ... Da hat er durchblicken lassen, dass die Lösung der Aufgabe für mich so als Frau vielleicht ein bisschen schwieriger sein könnte. Ich habe ihm dann aber recht deutlich gesagt: »Ich probiere das jetzt so, wie ich das denke. Wenn das am Ende falsch ist, dann machen wir es anders.« Ich habe mich da einfach nicht unterbuttern lassen. Und ich hatte die richtige Lösung.

Ranga: Maschinenbau hat ja nichts mit Testosteron zu tun, sondern mit klarem Denken. Da wird mehr programmiert als mit öligen Händen herumgeschraubt.

Nanda: Ein Großteil der Jungs, die da angefangen haben, hatten schon mit zehn mit ihrem Opa am Auto rumgeschraubt und haben einem das auch unter die Nase gerieben. Ich hab dann gedacht: Schön, dass du das gemacht hast, aber das nützt dir nicht so viel. Maschinenbau ist nicht nur Auto oder Maschine, das Fach hat so viele unterschiedliche Aspekte, das ist ja das Coole dran. Du kannst in die Medizintechnik gehen, Luft- und Raumfahrt, Informatik, Robotik …

Nora: Ich mach ja Informatik, das ist ja auch eine Männerdomäne. Ich höre manchmal Papas Stimme im Hinterkopf: »Du machst das einfach, du kannst das.« Für mich ist die erste Erinnerung, dass der Papa das Mikroskop hingestellt hat und mit uns allen durchgeguckt hat. Und er hat wirklich nie einen Unterschied gemacht zwischen Julian, unserem Bruder, und uns Mädels. Ich habe keine einzige Erinnerung in der Kindheit, wo mein Geschlecht eine Rolle gespielt hätte.

Nanda: Man kriegt das dann schon mit, dass es woanders anders läuft, dass es »Männer«- und »Frauen«-Berufe geben soll, aber bei uns war das kein Thema.

Ranga: Es geht um das Bewusstsein: Wenn du morgen Bundeskanzlerin werden möchtest – mach es!

Nora: Als ich klein war, dachte ich, wenn ich zu ›Germany's Next Topmodel‹ gehe, dann gewinne ich. Wenn ich zu ›Popstars‹ gehe, dann gewinne ich. Wenn ich zu ›DSDS‹ gehe, dann gewinne ich auch. Ich habe es bei keinem versucht, aber ich hätte auf jeden Fall gewonnen. Bei allen dreien.

Alle lachen.

Selina: Ich habe das nie irgendwo erlebt, dass ich als Mädchen anders behandelt wurde. Die Neurowissenschaften sind im Studiengang nicht so die Männerdomäne, auch wenn die Professoren noch zum größten Teil Männer sind.

Ranga: Sie überarbeitet zum Teil die Texte der Professoren und die rufen dann hier an. Dann telefoniert Selina zwei Stunden mit denen, und ich bin dann immer total neidisch, dass sie mit diesen tollen Wissenschaftlern redet.

Wie war das eigentlich mit dem Mikroskop? Der Papa kam nach Hause und hat das Mikroskop hingestellt …

Nora: … und im Wohnzimmer stehen lassen.

Nanda: Das Mikroskop stand bestimmt zwei Jahre lang einfach auf dem Tisch. Du hast es uns einmal gezeigt: »Wenn du hier an dem Rädchen drehst, geht es hoch und runter und wird schärfer oder unschärfer.« Und wir haben einmal alle zusammen eine Kaulquappe angeschaut, die natürlich danach zurück in den Teich geworfen wurde. Und dann haben wir das irgendwann selbst gemacht. Wir haben das Mikroskop rausgeholt und haben Teichwasser und alles Mögliche in die Petrischalen getan.

Ranga: Ich habe nicht gesagt: »Du musst jetzt hier durchgucken.« Ich habe einfach ein Angebot gemacht und bin dann weggegangen. Wenn die eine begeistert ist, wollen die anderen auch durchgucken.

Nanda: Wir sind auch mal hoch ins Feld, wo immer Rehe waren. Erst waren wir als Mädchen noch so: »Hey, Rehe, total süß.« Aber dann kam bei uns allen dieser Forscheraspekt wieder durch. Und wir haben die Rehspuren mit Gips abgenommen.

Ranga: Wir haben früher regelmäßig Städtetouren gemacht. Zu fünft, vier Kinder und ich …

Nora: Fünf Tage volle Dröhnung Kultur, also für ein Kind ein absoluter Traum …

Ranga: … und ich habe ihnen immer die Challenge gegeben, sich in Rom oder Paris zurechtzufinden. Und dann sind die mit Stadtplan zusammen los, ein Zettel mit der Telefonnummer und Adresse des Hotels in der Tasche. Okay, get lost.

Wie alt wart ihr da?

Selina: Ich war elf. Da hat die Mama gesagt: »Ja, kein Problem, geh schon mal los.« Das war in New York.

Und dann bist du allein durch New York gelaufen?

Selina: Ich habe mir erst mal ein Taxi genommen (lacht).

Ranga: Sie hat mal ein Praktikum bei der Börse gemacht in Frankfurt …

Selina: Das war der Girls Day …

Ranga: Wie alt warst du da?

»Ich habe einfach ein Angebot gemacht und bin dann weggegangen. Wenn die eine begeistert ist, wollen die anderen auch durchgucken.«

Selina: Vielleicht zehn.

Ranga: Selina wollte sich auf jeden Fall die Börse anschauen. Sie hatte das selbst arrangiert und sollte mit dem Zug nach Frankfurt fahren. Ich hatte eine große Diskussion mit Uschi, meiner Frau, die sagte: »Du kannst das Kind doch nicht alleine fahren lassen.« Selina hatte sich aber alles schon rausgesucht, wo sie hin muss und wie sie da hinkommt. Da habe ich zu Uschi gesagt: »Dann fährt sie jetzt auch alleine.« Und mit 13 ist sie alleine nach Südkorea gefahren, eine Tante besuchen.

Nanda: Sel war immer schon sehr selbstständig.

Ranga: Mit 14 wollte sie nach England in ein Internat.

Selina: Julian und Nanda waren schon aus dem Haus, und ich wollte nicht alleine hier sein …

Nora: Nur so mit mir hier … (lacht)

Selina: Ich wollte unbedingt ein Auslandsjahr machen und gut Englisch lernen. Und dann fand ich das so cool da, dass ich bis zum Abitur in England geblieben bin.

Ranga: Da war ich erst die Bremse, weil ich Selina noch zu Hause haben wollte. Aber da hatte sie wieder schon alles organisiert. Sie hatte die Schulen rausgesucht und gesagt: »So, wir gucken uns diese drei Schulen an.« Haben wir getan. Als sie dann in ihr Internat fuhr, bekam ich plötzlich einen Anruf. Ein britischer Grenzbeamter war am Telefon: »Your daughter is travelling alone here. This is totally irresponsible!« Der hat sich sehr aufgeregt: »Wie können Sie es zulassen, dass Ihr minderjähriges Kind alleine unterwegs ist?« Ich habe nur gedacht, Junge, wenn du wüsstest, was die schon alles allein gemacht hat. Wenn es eine Botschaft gibt, dann die: Hab keine Angst. Geh deinen eigenen Weg.

Nora: Unsere Eltern haben uns ein gutes Selbstwertgefühl mitgegeben. Sei offen, und wenn du eine Meinung hast, dann vertrete diese auch. Wir sind sechs Sturköpfe.

Ranga: Das kann man sagen. Bei uns hat's aber auch ganz schön gefetzt. Wir haben über alles diskutiert, es wurde nichts unter den Teppich gekehrt. Bei uns wird über jedes Thema gesprochen, auch über Tabuthemen.

Nora: Ja, tatsächlich, über Verhütung wurde bei uns am Esstisch gesprochen. Und ich fand es nie peinlich, weil es nie mit so einer Scham behandelt wurde.

Selina: Einmal haben wir an Weihnachten Plätzchen gebacken. Und da hat der Papa aus dem Teig eine Vulva geformt und uns die Anatomie der Frau erklärt: »Das hier ist die Klitoris und das ist die Labia.« Das werde ich nie vergessen.

Ranga: Auch wenn ich mich mit meiner Frau streite, dann wird das nicht vor den Kindern verheimlicht. Auch das gehört zum Leben dazu. Kinder bekommen es sowieso mit. Es läuft eben auch mal etwas anders,

Ranga Yogeshwar: »Wenn es eine Botschaft gibt, dann die: Hab keine Angst. Geh deinen eigenen Weg.«

als man es sich wünscht. Das Offenbaren von Schwächen finde ich sehr wichtig. Denn eine Diskrepanz zwischen Schein und Sein erzeugt Angst.

Wie bist du selbst aufgewachsen?

Ranga: Ich bin mit meinen beiden Geschwistern in Bangalore und Luxemburg aufgewachsen. Meine Mutter war ein ganz und gar angstfreier Mensch. Sie, eine Luxemburgerin aus feinem Hause, hat in den 1950er-Jahren einen Inder geheiratet. Damals musste man hierfür viel Mut haben. Sie ließ sich nie auf den Zwang von Konventionen oder Hierarchien ein. Ein Bild hat sich mir eingeprägt: Als wir später in Luxemburg ein Haus bauten, stand meine Mutter mit der Kelle da, hat Putz drangeklatscht und die Wände geglättet. Das war ein vollkommenes Tabu für eine Dame aus feinem Haus. Doch ihre Grundhaltung war: Schau nicht auf das, was andere denken, gehe deinen eigenen Weg. Diese Angstfreiheit und dieses Selbstbewusstsein, das konnte ich gut weitergeben. Angst ist das Gift für vieles.

ALEA & KAI-UWE

DAS TEAM

»Mit der Kraft, die ich bekommen habe, bin ich bereit, mein Leben zu gehen, und mein Vater wird immer ein wichtiger Freund bleiben.«

Bei Alea und ihrem Vater Kai-Uwe aus Stuttgart geht es lockerer zu als in »normalen« Familien. Dass ein Vater der beste Freund sein kann, finden auch andere »voll cool«.

ALEA & KAI-UWE DAS TEAM

Die Gurte werden umgeschnallt, die Karabiner eingehakt, dann geht es hoch hinauf in die Bäume. Wir sind in einem Kletterwald in Stuttgart. Und Alea und ihr Vater Kai-Uwe sind schon ein paar Meter oben, zwischen den Stämmen hoher Linden. Hier muss man über Abgründe gehen und darauf vertrauen, dass der andere einen wieder hochzieht, wenn man mal in den Seilen hängt. Wenn man noch kein Team ist, dann wird man es hier.

Das Team Alea und Kai-Uwe Bevc war schon oft zusammen hier. Der Vater läuft nicht vorweg, sondern hinter seiner Tochter. Er hält Abstand, könnte aber mit einem Sprung da sein. »Er hat mir immer Halt gegeben«, sagt Alea, als sie wieder unten sind. Beide ziehen ihre Helme aus und Vater Kai-Uwes blaue Haare kommen zum Vorschein.

Von Anfang an waren sie einfach »connected«, sagt Alea. Der Vater war ihre erste Anlaufstelle in allem Wichtigen, jedes Problem wurde zuerst mit ihm besprochen. Er war immer da, nicht als unfehlbare Führung, sondern als verlässlicher Begleiter im Hintergrund.

Und für Kai-Uwe war es immer klar, dass er sein Kind nicht anführen, sondern unterstützen will, sagt er. Er gibt Alea von Anfang an die Freiheit (plus die damit verbundene Verantwortung), ihren eigenen Weg zu finden. Und der führt erst mal morgens zur Kita. Kai-Uwe übt mit ihr, macht sie auf Gefahren aufmerksam, hier eine Schnellstraße, da eine Kreuzung. Und dann muss sie allein los. Die ersten Male noch mit aufmerksamer Beobachtung aus der Ferne und dann ganz allein. Das finden nicht alle gut, vor allem Mütter nicht. Wie kann man das kleine Kind nur allein auf die Straße lassen?

Mit acht fährt Alea dann zu einer Kinderfreizeit des Deutschen Alpenvereins. »Ich habe im Zug eine meiner Betreuerinnen getroffen. Die war ziemlich überrascht«, erzählt sie lachend. »Wieso darfst du das?«, fragen die anderen Kinder bewundernd. Alea hat eine einleuchtende Erklärung: »Weil ich zuverlässig bin. Und das habe ich mir selbst verdient.« Um herauszufinden, wer sie ist, darf Alea alles ausprobieren, von Motocross bis Klavierspielen. Nur eins bekommt sie nicht vom Vater: Barbies. Die hat sie sich dann selbst gekauft.

Da ist noch eine ferne Mutter. Aber das Verhältnis ist kompliziert. Vor sieben Jahren, als Alea elf Jahre alt war, sind Vater und Tochter zu Hause ausgezogen. »Meine Mutter hatte mit schweren psychischen Problemen zu kämpfen, zum Schluss hatte ich nur noch Angst um sie. Und vor ihr«, erzählt Alea. Sie fühlt sich in dieser schwierigen Zeit von ihrem Vater beschützt und ernst genommen. Zu dritt besprechen sie schließlich die räumliche Trennung.

Kai-Uwe sitzt da und schaut seine Tochter aufmerksam an. Es scheint wieder diese beständige und verlässliche Unterstützung im Hintergrund zu sein, die Alea so selbstbewusst und klar über ihre Geschichte sprechen lässt.

Sie hat viel gelernt in dieser Zeit. Über die Menschen. Und über sich selbst. »Schon früh war es mir total egal, was andere von mir denken. Ich bin einfach ich.« In die gleichberechtigte Beziehung mit ihrem Freund lässt sie sich auch von anderen nicht reinreden. Sie gehen beide auch mal getrennt aus und können nur darüber lachen, wenn die Freunde sie entsetzt fragen: »Machst du dir denn da keine Sorgen?«

Für das Gespräch haben wir uns aus dem Kletterwald in die Weinberge begeben. Wir sitzen zwischen den reifen Reben und pflücken uns zwischendurch

ALEA & KAI-UWE **DAS TEAM**

blaue Trauben ab, wenn niemand guckt. Aleas Motorrad steht hinter uns, ein weiteres gemeinsames Hobby der beiden. Von hier aus sieht Stuttgart aus wie ein Idyll und nicht wie eine Autostadt.

Wer kocht eigentlich bei euch? Das ist die Frage, die dem Vater-Tochter-Team immer wieder gestellt wird. Beide, lautet Aleas schlichte Antwort. Keine Putzpläne, dafür intuitives Teamwork. Wer gerade will, kocht. Wer erschöpft ist, darf ausruhen. Schon mit elf hat sich Alea die Geschirrspülmaschine ausgesucht. Das ist ihr Job geblieben.

Als Alea im Abitur ist, nimmt sich der 52-jährige IT-Fachmann frei. Er bereitet das Abendessen für Alea und ihre Freundin zu und sorgt mit guter Unterhaltung dafür, dass der Stresspegel nach unten geht. Überhaupt sind die Freundinnen und Freunde gerne bei den beiden. Es geht lockerer zu als in den »normalen« Familien. Und dass ein Vater der beste Freund sein kann, finden sie »voll cool«.

Was macht Kai-Uwe bei einer Tochter anders, als er es bei einem Sohn machen würde? Nichts. Der einzige Unterschied zur Tochter ist, sagt er, dass er sie bewusst auf die Gefahren aufmerksam macht, die die Männergesellschaft für Frauen bereithält. »Dass sie nicht in eine Falle tappt, sich abhängig macht, dass sie sich ihre Selbstständigkeit bewahrt.«

Und was ist für ihn der Unterschied zwischen einem Vater und einer Mutter? »Dass man sich die Bindung als Mann erarbeiten muss, die zwischen Mutter und Säugling logischerweise schon da ist«, glaubt Kai-Uwe. »Aber irgendwann unterscheidet sich das nicht mehr. Natürlich kann ich gewisse biologische Erfahrungen nicht weitergeben, wie das Thema Menstruation. Ich kann nur versuchen, mich da reinzufühlen.« Alea weiß gar nicht, wo da ein Unterschied sein sollte. »Vater und Mutter können doch absolut das Gleiche«, findet sie. »Also wenn er sich nicht wie ein Trottel anstellt, kann er sich das mit der Menstruation doch auch vorstellen.« Kai-Uwe lacht.

Alea hat das Abitur geschafft. Sie ist jetzt 18 Jahre alt. Wie geht es jetzt weiter? »Mit der Kraft, die ich bekommen habe, bin ich bereit, mein Leben zu gehen«, sagt sie selbstbewusst. »Natürlich werde ich irgendwann ganz eigenständig leben. Aber mein Vater wird immer ein wichtiger Freund bleiben.« Kai-Uwe lächelt.

Ein Vater-Tochter-Team, von Anfang an »connected«. »Er hat mir immer Halt gegeben«, sagt Alea. Als verlässlicher Begleiter im Hintergrund.

32

Im Kletterwald muss man darauf vertrauen, dass der andere einen wieder hochzieht, wenn man mal in den Seilen hängt.

ELLEN & ALFRED

TEMPO, TEMPO

»Er war nie ein nerviger Ehrgeiz-Vater. Er war mein stiller Ratgeber im Hintergrund.«

In der Werkstatt in Mönchengladbach steht immer noch Ellen Lohrs erster Kart, Pokale, an der Wand hängt das Plakat ihres ersten Rennens. Ihr Vater Alfred hat alles aufgehoben. Hier startete die Karriere der Rennfahrerin.

ELLEN & ALFRED   TEMPO, TEMPO

»Komm mal her, Ellen«, ruft Alfred durch die Werkstatt, »hier kannst du was lernen.« Und schon steht Ellen am Auto und ist gleich mitten in der Fachdiskussion. Wir sind in einer Karosseriewerkstatt in Mönchengladbach, sozusagen im Kindergarten von Ellen Lohr. Denn genau hier hat die heute 55-jährige spätere Rennfahrerin als Dreijährige mit Autofarben gepanscht. Hier hat sie als Fünfjährige Schrauben sortiert und als Zwölfjährige das Reparieren von Motoren gelernt. Ihr Begleiter und Lehrmeister: Papa Alfred.

Der steht jetzt neben ihr, mit aufmerksamem Blick auf seine Tochter. Es riecht nach Farbe und Lack. Über der Werkstatt ist die Wohnung der Lohrs, hier wohnt Alfred noch heute. Er packt in der inzwischen abgegebenen Werkstatt immer noch mit an, wenn mal Not am Mann ist.

Den kleinen Holzverschlag ganz hinten will Alfred eigentlich nicht aufmachen. »Da ist es so verstaubt.« Aber was sich hinter der Tür verbirgt, ist eigentlich reif fürs Motorsportmuseum: Ellens erster Rennanzug, Größe 164. Ihr Kart – »Ich wusste gar nicht, dass es das noch gibt!« –, Pokale, leuchtfarbene Rennhelme. An der Wand hängt ein altes Plakat, das zum »Rennen in Niederkrüchten« einlädt. Die später berühmte Rennfahrerin Ellen Lohr mit dem Kart am Start. Alle Karrieren fangen mal klein an.

Eigentlich war Ellens jüngerer Bruder dafür vorgesehen. Er war derjenige, dem der erfolgreiche und begeisterte Kart-Fahrer Alfred ein nagelneues Gefährt kaufte. Vater und Sohn fuhren morgens damit auf die Kart-Bahn. Am Abend, auf dem Rückweg, schaut der 13-Jährige seinen Vater an: »Ganz ehrlich, Papa, das ist nichts für mich.« Alfred verkauft den Kart noch am selben Abend. Aus der Traum von Papa Lohr. Die Karriere des Sohnes ist beendet – und die von Ellen Lohr beginnt.

Tochter Ellen ist zu diesem Zeitpunkt schon begeisterte Begleiterin ihres Vaters bei allen Rennen. »Sie hat geputzt, geschraubt, geschleppt. Aber ich habe doch nie im Traum daran gedacht, dass es Ellen sein würde anstelle meines Sohnes. Ich dachte, irgendwann kommen die Puppen und dann ist die Phase vorbei.«

Aber die Phase ist keine. Es ist ihr Leben. Ellen will keine Puppen, Ellen will einen Blaumann. Die gibt es nicht für Kinder. Ellen bleibt stur. Eines Tages packt Alfred seine zwölfjährige Tochter ins Auto und fährt in Mönchengladbach bei einem Laden für Arbeitskleidung vor. Ellen bekommt den kleinsten Blaumann, den es gibt. »Ich war so superstolz. Endlich war ich ein echter Mechaniker.«

Nach der Schule wirft Ellen den Ranzen in die Ecke, es geht ab in die Werkstatt. Sie schleift, repariert, dreht Schrauben, nimmt Motoren auseinander und baut sie wieder zusammen. Noch heute hat Ellen Lohr dies den jüngeren FahrerInnen voraus. »Die lernen nur noch am Simulator und haben keine Ahnung, wie so ein Motor von innen aussieht.« Während der Bruder lieber zu Hause bei der Mutter bleibt und Klarinette und Schlagzeug spielt, sind Tochter und Vater jedes Wochenende unterwegs auf den Kart-Strecken in ganz Deutschland.

Und dann kommt es, wie es kommen musste. Ellen Lohr steht eines Tages in ihrem Blaumann vor dem Vater: »Ich will fahren!« Alfreds unmissverständliche Antwort: »Das kommt niemals in Frage.« Aber sie bleibt stur. Immer wieder wird sie vorstellig. Irgendwann ist der Vater weichgekocht. »Da war sie noch so klein, dass ihre Füße nicht an die Pedale heranreichten. Sie kriegte ein Kissen in den Rücken und ich habe Klötzchen auf Gas- und Bremspedal montiert, damit das überhaupt hinhaute.«

Ellen fährt los. In der zweiten Runde legt sie das Kart vom Vater in die Reifenstapel. Lenksäule krumm, alles verzogen. »Das war's, oder?«, begrüßt Alfred seine Tochter, als die aus dem demolierten Fahrzeug steigt. Aber Ellen denkt nicht daran aufzugeben. Rückblickend sagt sie: »Das hat mich selbst überrascht, dass ich nach diesem Crash nur gedacht habe: Mist. Beim nächsten Mal muss es besser werden.« Ellen will fahren. Und Ellen fährt. Erst ein Rennen, dann zwei, dann drei. Bald überall. Juniorenweltmeisterschaften, Parma. Und immer vornean. »Da fing es an, mir Spaß zu machen«, sagt Alfred.

Ellen wird 18. Da macht man auch als Rennfahrerin erst mal den Führerschein. Jetzt kann es mit dem Profisport losgehen. Alfred ist immer dabei. Er steht auf der Strecke und zeigt Ellen, wo gebremst und wo Gas gegeben werden muss. »Wenn ich fünf Meter davor gebremst habe, gab es den strengen Blick. Aber wenn ich gut war, bekam ich auch ein ›Super so!‹« Der Vater als Coach, fordernd und fördernd. »Er war trotzdem nie so ein nerviger Ehrgeiz-Vater«, erinnert sich Ellen. »Er war mein stiller Ratgeber im Hintergrund.« Nach dem gemeinsamen Hobby wachsen Vater und Tochter nun auch gemeinsam in den professionellen Motorsport hinein.

Wenn Ellen beim Training hintenan war, dann kam es schon mal vor, dass sie ihren Vater als Spion in die Kurve schickte. Anschließend gab es den Lagebericht, was die anderen an dieser Stelle besser machten.

»Ganz ehrlich, Alfred, wenn mal was nicht so gut lief, hast du dann schon mal gedacht, die kann das wohl doch nicht, weil sie ein Mädchen ist?« Der Vater lacht.

»Nee, nie. Im Gegenteil. Ich habe gesagt: ›Hau denen mal kräftig einen auf die Mütze.‹ Außerdem war Ellen immer erfolgreich, immer ganz vorne mit dabei.«

Ab Ende der 1980er-Jahre ist Ellen auf den internationalen Rennstrecken unterwegs, fährt gegen Konkurrenten wie Michael Schuhmacher und Heinz-Harald Frentzen. Formel 3, Tourenwagen, Rallye-Sport, Truck-Racing. Sie wird eine der bekanntesten und erfolgreichsten Motorsportlerinnen der Welt. Und sie wäre wohl auch in der Formel 1 gefahren – wäre sie nicht eine Frau im Männersport Auto. »Vielleicht ist die nächste Generation dran«, sagt Ellen. Sie setzt auf das Nachwuchstalent Sophia Flörsch, die als weibliche deutsche Formel-1-Hoffnung gilt.

Heute ist Ellen Lohr Markenbotschafterin von Mercedes. Sie ist Marketing Director bei AVL Racing, dem größten Autozulieferer. Sie kommentiert Autorennen für die ARD. Sie hält Vorträge, darüber, wie es ist, als Frau in der Männerwelt, oder über die neuesten Entwicklungen in der Automobilindustrie. Sie ist als deutscher Press Officer bei der Rallye Dakar dabei.

Bei dem Tempo kommt selbst Vater Alfred nicht mehr mit. Aber bei Ellens Comeback beim europäischen NASCAR-Rennen ist der 83-Jährige natürlich dabei. Bei diesem Wettstreit mit Rennautos im 1960er-Jahre-Look will und darf Alfred nicht fehlen.

Draußen wird es langsam dunkel. Wir stehen immer noch da, wo alles anfing. Hinter uns steht ein alter italienischer Abschleppwagen. Er wartet darauf, für einen Sammler restauriert zu werden. Und ehe man sich's versieht, sitzen Vater und Tochter oben drauf, auf dem »Soccorso Stradale«. Ellen am Steuer, Alfred am Schaltknüppel. Die beiden nehmen Fahrt auf.

Ellen Lohr hat ihren zunächst skeptischen Vater von ihrem Traum, Rennfahrerin zu werden, überzeugt, und mit seiner Hilfe und Unterstützung ist er wahr geworden.

ENYA & DETLEV

DIE VERTRAUTEN

»Papa hat mir von Anfang an
das Gefühl gegeben,
dass ich wichtig bin. Ich konnte
mit ihm über alles reden.«

»Wollen wir zusammen essen?«, hatte Detlev Krause am Telefon gefragt. Ja, ich wollte. Also verabreden wir uns zusammen mit Tochter Enya zur Mittagszeit in Detlevs Haus im Bergischen Land. Ein großzügiges, modernes Haus mit Garten, dahinter der Wald. Gerade hat ein Sturm gewütet. Eine Fichte hat die Wäschestange wie ein Streichholz abgeknickt und die liegt jetzt quer im Garten.

Vater und Tochter haben sich länger nicht gesehen, die 21-jährige Enya ist eingespannt in ihr Sportstudium, der 64-jährige Reiseunternehmer bereitet die nächste Ski-Saison vor. Ich beobachte Vater und Tochter beim Kochen. Ganz eingespielt und selbstverständlich geht das vonstatten. Nur der kleine schräge Blick von Enya auf die Bratwurst des Vaters verrät, dass sich die Essgewohnheiten voneinander unterscheiden. »Du kannst mir beim Holz helfen«, sagt Detlev nach dem Essen. Mit Motorsäge und Beil bewaffnet machen sich die beiden ans Werk. »Das haben wir auch früher immer zusammen gemacht«, sagt der Vater und schaut der Tochter zu, die gerade das Beil auf einen Scheit niedersausen lässt. Später sitzen wir bei gemütlich prasselndem Feuer vor dem Kamin.

Warum bezeichnest du dich eigentlich als Vatertochter, Eyna?

ENYA & DETLEV   DIE VERTRAUTEN

Enya: Papa hat mir von Anfang an das Gefühl gegeben, dass ich wichtig bin. Dass ich genauso viel kann wie mein Bruder. Er hat zwischen uns gar keinen Unterschied gemacht. Ich konnte mit ihm über alles reden. Vor allem auch über Liebe und Sexualität.

Über Sexualität? Bespricht man das als Tochter nicht eher mit der Mutter?

Enya: Das war einfach so. Ich habe immer alles zuerst mit Papa besprochen. Als ich meine Periode bekommen habe, habe ich zuerst ihn angerufen. An meine Mama habe ich erst danach gedacht.

Und wie hat er reagiert?

Enya: Wir haben zusammen Tampons gekauft und mit Sekt auf dieses »Wunder« angestoßen.

War das nicht peinlich, mit dem Vater Tampons kaufen zu gehen?

Enya: Nein, überhaupt nicht. Wir haben ja schon immer über alles miteinander gesprochen, stundenlang. Schon lange bevor meine Mutter ausgezogen war. Ich konnte über jede meiner Gefühlslagen mit ihm reden. Gerade unsere Gespräche über Sexualität haben mir unglaublich viel gegeben. Ich habe Papa sogar vor dem ersten Mal gefragt, was er davon hält. Er hat mir von Anfang an klargemacht, dass ich das genauso wollen darf wie jeder Mann. Und dass ich nichts machen soll, was ich nicht von mir aus wirklich will. Dass ich meine Sexualität so ausleben kann, wie ich das möchte. Dass mich das nicht abwertet. Dass ich richtig bin, so wie ich bin.

Deine Eltern haben sich getrennt. Hattest du denn mit deiner Mutter nach ihrem Auszug noch Kontakt?

Enya: Ja, das habe ich immer noch. Ich war neun und mein Bruder elf, als sie sich in einen anderen Mann verliebt hat. Und für uns war es nie eine Frage: Wir bleiben beide bei Papa. Nicht nur aus Solidarität, sondern auch, weil der Mensch, den sie kennengelernt hat, uns nicht so das Gefühl von einem Zuhause gegeben hat wie Papa. Papa hat sich ja von Anfang an sehr um uns gekümmert, uns gefüttert, umsorgt, ins Bett gebracht, vorgelesen, mit uns getobt.

Detlev: Abends habe ich euch Geschichten vorgelesen, aber habe statt der ewigen männlichen Formulierungen die weibliche Form benutzt. Statt »der Held« war es »die Heldin« (lacht).

Wie haben Sie das als voll berufstätiger Mann hingekriegt?

Detlev: Keine Ahnung, es war die Hölle. Ich bin selbstständig und habe ein kleines Reiseunternehmen. Manchmal war ich schon am Rande der Erschöpfung. Aber meine Frau und ich haben ja von Anfang an die Arbeit geteilt. Überhaupt fing es schon mal so an, dass auch ich es absolut selbstverständlich fand, dass sie bei unserer Heirat ihren Namen behält und die Kinder nicht meinen, sondern ihren Namen bekommen. Bei uns lief es anders als in so vielen Ehen ... die Frau kriegt die Kinder, macht den Haushalt, geht arbeiten, reibt sich auf, der Mann macht bruchlos alles so weiter wie vorher, irgendwann lernt der Mann eine Jüngere kennen und verabschiedet sich ... Die ganz alte Leier. Bei uns war es genau anders herum. Die Frau hat einen Jüngeren kennengelernt und sich verabschiedet (lacht).

Enya: Erst haben wir noch eine Woche bei ihr und zwei Wochen bei Papa gewohnt und dann überwiegend bei Papa. Es war einfach eine Zeit lang schwierig mit meiner Mutter, weil sie sich auch so auf den neuen Mann konzentriert hat. Da war für uns wenig Raum.

Detlev: Aber wir Eltern wollten es unbedingt hinbekommen, dass das ohne Streiterei abgeht.

Wie sind Sie selbst denn aufgewachsen?

Detlev: Meine früheste Erinnerung ist, da war ich zwei Jahre alt, dass ich mich an den Hosenzipfel meines Vaters geklammert habe und er mich wegtrat. Er hatte vorher getrunken, die Tür des Schlafzimmers eingetreten, in das sich unsere Mutter mit uns Kindern eingeschlossen hatte. Da schliefen wir zu viert. Er trat also die Tür ein und hat auf meine Mutter eingeprügelt. Mein Vater war Polizeibeamter, noch mit 17 in den Krieg eingezogen worden und danach in russischer Gefangenschaft. Die Brutalität zog sich durch sein ganzes Leben – und durch meine ganze Kindheit.

Für einen Sohn gibt es dann ja zwei Optionen: entweder er identifiziert sich – oder er macht alles anders.

Detlev: Für mich war immer klar, dass ich es mal anders machen will als mein Vater. Es war so offensichtlich, dass sein Verhalten ungerecht und falsch war. Das hört sich jetzt sicher seltsam an: Aber ich bin froh, dass es so krass war. Das hat mir die Chance gegeben, das Unrecht zu begreifen. Andere, die vielleicht mit weniger Problemen aufwachsen, schleppen dann mit 50 oder 60 noch ihre Päckchen mit sich herum. Für mich war das Falsche schon in der Kindheit so offensichtlich, dass ich meinen Vater früh vom Sockel stoßen konnte.

Aber wie macht man das als Kind?

Detlev: Ich bin schon früh in Jugendfreizeiten mitgefahren und habe da ein anderes Betreuen geübt. Mein Vater hatte nie Lust, mit mir zu spielen. Und wenn mich heute ein Kind fragt: »Spielst du mit mir?«, dann kann ich noch so müde sein, meistens sage ich Ja. Als ich bei meiner Kommunion vom Erzbischof von Essen gefragt wurde: »Na, was willst du denn mal werden?«, habe ich gesagt: »Papa.« »Und was machst du, wenn die Kinder frech sind?« Da habe ich geantwortet: »Sie zum Lachen bringen.«

Und wie hat die Umgebung auf den alleinerziehenden Vater reagiert?

Enya: Wir haben damals noch in der Eifel gewohnt, die ist ja relativ konservativ. Da gab es superselten einen alleinerziehenden Vater, der auch noch voll berufstätig ist.

Detlev: Das stimmt. Aber ich war ja schon vor der Trennung in Erscheinung getreten, habe die Kinder zur Schule gebracht, war bei den Elternabenden etc. Da waren dann meistens nur die Mütter, und natürlich haben die auch komisch geguckt. Aber das war dann eben so (lacht). Ich habe mich schon als Junge bei den Mädchen immer wohler gefühlt, auch wenn ich alle diese Männersachen kann.

Da gab es dann ja auch noch Anregungen von außen, die antiautoritäre Erziehung in den 1970er-Jahren ...

Detlev: Ja klar, da ging es ja hoch her. Die drei Frauen unserer 7er-WG haben mich für das Thema »Emanzipation« sensibilisiert. Und das Buch von Ursula Scheu »Wir werden nicht als Mädchen geboren, wir werden dazu gemacht«, das war wichtig für mich. Später, in den 1980er- und 1990er-Jahren, habe ich dann kostenlose Sportgruppen für türkische Mädchen und Jungen angeboten. Auch das »Schwimmen für islamische Mädchen und Frauen« habe ich initiiert. Gegen den größten Widerstand.

Enya: Er hat sogar das Bundesverdienstkreuz für seine jahrelangen Verdienste gegen Rassismus, für Integration, Toleranz und Frauenrechte bekommen. Da war ich sehr stolz auf ihn!

Detlev: Na ja, übertreib' es nicht. Aber ich habe irgendwie immer im Blick gehabt, was Frauen fühlen,

wenn sie belästigt, begafft, benutzt werden. Die meisten Männer können das nicht mal im Ansatz nachempfinden. Und wollen es auch nicht. Dafür wurde ich sicher schon durch meine Mutter sensibilisiert. Aber vor allem auch durch meine erste große Liebe, Beate. Sie war 13 und ich 14. Wir haben alles gemeinsam entdeckt. Frei von allen Rollenerwartungen. Und wir haben auch ganz viel miteinander gesprochen. Über alles. Ich sehe meine Geschlechtsgenossen oft mit viel Abstand. Ich finde, dass wir Männer in Bezug auf das Männlichkeitsgehabe komplett gehirngewaschen werden.

Was heißt das?

Detlev: Dieses sich Aufplustern, Stärke zeigen, diese Machtdemonstrationen. Ich selbst kann mich bei diesen ganzen männlichen Ritualen zwar wunderbar durchsetzen. Aber ich finde sie albern.

Enya: Sexistische Werbung zum Beispiel fällt uns beiden sofort auf, meinem Bruder oder meinem Freund erst, wenn man sie darauf aufmerksam macht. Da ist mein Vater schon etwas sehr Besonderes. Er hat mich auch auf »männliche Denkmuster« aufmerksam gemacht und für die Macht von Sprache sensibilisiert. Er sagt ja auch jedem, der nicht bei drei auf den Bäumen ist, dass EMMA eine wichtige Zeitschrift ist, wichtiger als Stern und Spiegel.

Sind Sie ein Frauenversteher, Detlev?

Detlev: Ja! Ich finde das ist ein Ehrentitel. Ich kann nicht verstehen, dass es Männer, aber auch viele Frauen gibt, die es von sich weisen, Feminist oder Feministin zu sein. Wie kann man nicht für gleiche Rechte von Männern und Frauen sein?

Du studierst Sport, Enya, und willst danach Medizin studieren.

Enya: Mein Vater hat mich von klein an, genau wie meinen Bruder, auch körperlich fit gemacht. Das fing mit kleinen Sachen an, wie »Krake« spielen: Toben, Fangen, Festhalten, Freikämpfen. So habe ich schon als kleines Mädchen gelernt: Ich bin nicht schwächer. Im Gegenteil, ich konnte schon in der Grundschule viele Sportarten besser als jeder Junge.

Detlev: Ich wollte die Kinder von Anfang an psychisch und physisch stark machen.

Was hat dir dein Vater noch mitgegeben?

Enya: Dass ich mich nie kleinhalten muss. Das merke ich bei meinen Freundinnen, dass sie sich zurückhalten, nicht immer ihre Meinung sagen, möglichst süß und schlank sein wollen. Papa hat es geschafft, dass mir das bewusst ist, auch wenn ich mich nicht immer dagegen wehren kann. Neulich haben wir über MeToo geredet, ich, eine Freundin und drei Jungs. Und zwei Jungs haben gesagt, dass manche Frauen die Bewegung sicherlich ausnutzen, um die Männer zu Unrecht zu beschuldigen. Die anderen Mädchen hatten schon nachgegeben, aber ich habe trotzdem meine Meinung vertreten: dass die wenigsten Frauen so was freiwillig durchmachen, dass es schlimm ist, dass diese Frauen sich dann auch noch rechtfertigen müssen. Und dass es genau deswegen so wenige Frauen wagen. Es ist wichtiger, zu sagen, was ich denke, als jedem zu gefallen.

Meint ihr, es gibt Dinge zwischen Vätern und Töchtern, die es zwischen Müttern und Töchtern nicht gibt?

Enya: Wenn man nicht so fühlt wie die Mutter und die Dinge anders machen will als sie, dann muss man sich als Mädchen viel stärker gegen sie wehren. Oder man hat Hemmungen, es anders zu machen. Weil sie ja eine Frau ist und erwartet wird, dass sie allein schon deswegen ein Vorbild für die Tochter ist. Diesen Vergleich gibt es mit Vätern nicht.

Und worin gleicht ihr euch, du und dein Vater?

Enya: Wir sind beide sehr einfühlsam. Das Herzliche und Körperliche ist uns wichtig. Wir vertreten beide unsere Meinung und setzen sie auch durch. Und wir denken beide positiv.

»Mein Vater ist schon etwas sehr Besonderes«, sagt Enya, »er hat mich auch auf ›männliche Denkmuster‹ aufmerksam gemacht und für die Macht von Sprache sensibilisiert.«

ANTONIA & KLAUS

DER RUHEPOL

»Mein Vater hat so ziemlich alles im Haus schon mal installiert oder geflickt. Und er ließ mich immer zusehen und selbst ausprobieren.«

ANTONIA & KLAUS **DER RUHEPOL**

»Das typische Bild, das ich von meinem Vater in Erinnerung habe, ist: Wie er in aller Seelenruhe in unserem Flur sitzt, Beine übereinandergeschlagen. Um ihn herum wuseln meine Mutter, meine Schwester und ich. Unsere verabredete Abfahrtszeit ist schon seit Minuten um, aber keine von uns ist fertig. Diese Geduld und Ruhe, die mein Vater in solchen Momenten ausstrahlte, haben mein Bild von Männlichkeit geprägt.«

Das hatte Antonia Zeller mir vor unserem Treffen geschrieben. Sie fuhr fort: »Mein Vater war Ingenieur und hat so ziemlich alles im Haus schon mal installiert oder geflickt. Er kann alles – zumindest in meiner Vorstellung. Und er ließ mich immer zusehen und selbst ausprobieren.« Jetzt treffe ich die 31-jährige Antonia, die Lehrerin ist, und ihren 67-jährigen Vater Klaus in ihrer Wohnung in Gießen. Ihr Freund ist »gerade mit den beiden Hunden raus«, damit wir uns in Ruhe unterhalten können. Ruhe ist tatsächlich das Schlüsselwort. Auch als Vater und Tochter sich ans Reparieren machen. Der neue Rennradlenker muss endlich fertig werden.

Schon mit 14 Jahren konnte Antonia Reifen wechseln, Haushaltsgeräte anschließen, Rohrverbindungen isolieren. So war sie nie die »damsel in distress«, also die »Jungfrau in Nöten«, die auf die Reparaturkünste von Männern angewiesen ist. Jetzt sitzen die beiden am Küchentisch und der Vater hilft, in gewohnter Ruhe, seiner Tochter beim Umwickeln des Rennradlenkers.

»Warum ich mich als Vatertochter bezeichne?« Antonia wirft einen prüfenden Blick auf die Schraubenschlüssel, um die richtige Größe abzuschätzen. »Ich galt einfach immer als diejenige, die mehr auf den Papa rauskommt. Meine fünf Jahre ältere Schwester von Anfang an mehr auf die Mama. Und das hat sich im Laufe der Jahre immer mehr verstärkt.«

Vater und Tochter haben oft gemeinsam gebastelt, repariert, abends zusammen Actionfilme geschaut. Eine solide Basis für eine selbstverständliche Nähe. »Da war einfach immer eine große Offenheit zwischen uns«, erinnert sich Antonia. »Es gab mal eine Zeit, da war ich immer so müde. Da hat mich mein Vater irgendwann zur Seite genommen und gefragt: ›Antonia, nimmst du Drogen?‹ In seinen Fragen war so gar keine Verurteilung. Hätte ich Drogen genommen, ich hätte es ihm sofort gesagt.«

Dieses genaue Hinsehen, das Gefühl, über alles reden zu können, das hatte Vater Klaus in seiner Kindheit nicht. Im Gegenteil: Sein Vater war autoritär, ein jähzorniger Patriarch, dem sich alle unterordnen mussten. Manche Männer sind so stark geprägt von dem Machobild ihres Vaters, dass sie zu Wiederholungstätern werden. Das, was ihnen vorgelebt wurde, übertragen sie ungefiltert auf die eigene Ehe und Familie. Bei Klaus war es genau umgekehrt. »So ein Patriarch wie er wollte ich auf keinen Fall werden«, sagt er. »Ich habe es ganz bewusst anders gemacht.«

Auch in seiner Ehe. »Das war und ist bei meinen Eltern eine Beziehung auf Augenhöhe«, bestätigt die Tochter. Sie konnte sich ihren Vater und ihre Mutter zum Vorbild nehmen. »Ich mache es in meiner Beziehung genauso.«

Klaus bekam eben keinen Wutanfall, wenn seine Töchter zu spät nach Hause kamen. Er stand auf, genau wie sein Vater, aber anstatt zu brüllen begrüßte er die Mädchen und wünschte ihnen eine

ANTONIA & KLAUS   DER RUHEPOL

»Da war einfach immer eine große Offenheit zwischen uns«, sagt Antonia. Ihr Vater Klaus erinnert sich: »Ein Patriarch, wie mein Vater einer war, wollte ich auf keinen Fall werden, ich habe es ganz bewusst anders gemacht.«

»Gute Nacht«. Die Verwandten, die seinen Vater kannten, staunten. Und vermutlich manchmal auch er selbst.

Hat eine Nähe und Ähnlichkeit zwischen Vater und Tochter auch Nachteile? »Ja«, sagt Antonia entschieden. »Wenn wir uns streiten, dann geraten wir viel mehr aneinander als ich und meine Mutter.« Da kann eine beiderseitige Dickköpfigkeit schon mal dazu beitragen, dass man sich hochschaukelt.

Und was sind die Unterschiede zwischen Vater und Tochter? »Ich glaube, ich bin manchmal ein bisserl toleranter«, kommt von Vater Klaus wie aus der Pistole geschossen. Antonia lacht hell auf: »Ach, wirklich?«, sagt sie ironisch. Aber dann fällt ihr doch eine Geschichte ein, die die These von Klaus stützen könnte.

Vor ein paar Jahren kam Antonia mit Vaters Auto aus dem Urlaub zurück. Alles war gut gegangen, nur noch ein paar Meter bis nach Hause. Auf der Kreuzung, »ausgerechnet in Höhe von Papas Büro«, fuhr sie einem Lastwagen hinten drauf. Die Kühlerhaube stand senkrecht hoch, der Wagen musste abgeschleppt werden. »Sie rief mich an und sagte: ›Papa, ich habe dein Auto geschrottet.‹« Papa macht sich sofort auf den Weg in die Werkstatt. Und da sitzt Antonia, in Tränen aufgelöst. »Ich sah, sie war unverletzt.« Der Vater lächelt und nimmt seine Tochter in den Arm. Und dann – die »Herren vom ADAC staunen nicht schlecht« – sagt er: »Das hast du gut gemacht, ich wollte eh ein neues Auto.« Der Vater lacht, als die Tochter diese Anekdote erzählt. »Ja, so war das«, sagt er. Und Antonia fügt hinzu: »Und da war alles gut.«

»Warum ich mich als Vatertochter bezeichne?«, Antonia überlegt. »Ich galt einfach immer als diejenige, die mehr auf den Papa rauskommt… Und das hat sich im Laufe der Jahre immer mehr verstärkt.«

MARYAM & ESMAEEL

ZWEI DICKKÖPFE

»Er hat einfach immer zu mir gesagt: ›Du bist die Klügste, du bist die Schönste, du bist die Beste, du kannst alles packen!‹«

MARYAM & ESMAEEL ZWEI DICKKÖPFE

»Mein Name ist Maryam, ich bin das fünfte von sechs Kindern und eine richtige Vatertochter«, hatte Maryam in ihrem ersten Brief geschrieben. »Bei einem Date, zum Beispiel, erwähne ich meinen Vater in den ersten 20 Minuten zwischen fünf und acht Mal. Da muss ja jedem klar sein, dass er bei meinem Vater Eindruck hinterlassen sollte …«

Jetzt stehen wir zu viert auf einer Wiese in Ober-Ramstadt. Über uns regenschwerer Himmel. Maryam, 25, ist aus Hamburg angereist, ihr Vater Esmaeel aus dem nahegelegenen Darmstadt. Nur einer von uns wohnt hier: das Pferd Verdi. Der Wallach wirft den Kopf zurück und wiehert. Die Pferde haben Maryam und Esmaeel noch enger zusammengeführt, sie waren und sind die große Leidenschaft von Vater wie Tochter.

Seit ihrem zwölften Lebensjahr ist Maryam jeden Tag auf dem Reiterhof. Der Anfang ist wenig glorios. Maryam fällt erst mal ziemlich oft runter vom Pferd. In so einer Lage gibt es genau zwei Möglichkeiten: Entweder man beißt sich durch. Oder man gibt auf. Oder – man findet einen dritten Weg.

Esmaeel verkauft seinen Jeep und schafft ein braves altes Pony an. Von da an bleibt Maryam oben. Vater und Tochter reiten zusammen. Erst Trab, dann Galopp. Einige Jahre später baut der heutige Bauunternehmer eine Anlage für die Pferde, für seine Tochter. »Nicht weil ich so viel Geld habe«, betont er, »sondern weil ich das Gefühl hatte: Sie braucht das.« Dann geht's jedes Wochenende zu Turnieren. Mal zusammen, mal reitet Maryam allein. Und sie macht – wie der Vater sich stolz erinnert – »immer den ersten Platz«!

»Papa hat einfach immer zu mir gesagt: ›Du bist die Klügste, du bist die Schönste, du bist die Beste, du kannst alles packen!‹ Das hat sich bei mir eingebrannt«, sagt Maryam. Und Esmaeel ergänzt: »Das ist doch das Beste, wenn man an die Tochter glaubt. Wenn man ihr sagt ›du bist blöd und du kannst nichts‹, das ist einfach nicht gut.« Woher weiß er das? »Maryam ist die Jüngste. Bei ihr hatte ich schon aus den Fehlern gelernt, die ich noch bei den ersten Kindern gemacht habe.«

Maryam reitet fantastisch. Sie ist die Beste in der Schule. Sie spielt komplette Vivaldi- Konzerte auf der Geige, auswendig. Man könnte sie für eine Musterschülerin halten. Aber Maryam ist ganz und gar nicht brav. Sie hat das, was viele Vatertöchter auszeichnet: Dickkopf, Durchhaltevermögen und einen unerschütterlichen Glauben an sich selbst. »Mama hat immer gesagt: ›Ja, mach mal‹, Papa hat grundsätzlich ›Nein‹ gesagt. So habe ich gelernt, mich durchzusetzen.«

Mit 16 will Maryam in die USA. Der Vater sagt Nein. Maryam verbringt ein Schuljahr in River Falls, Wisconsin. Nach der Schule will Maryam durch die Welt fliegen. Der Vater sagt Nein. Maryam arbeitet zwei Jahre lang als Stewardess bei der Lufthansa. Natürlich kracht es da ordentlich zwischen den beiden. Und bei zweien, die sich nahestehen, kracht es lauter. »Ganz schön stur«, kommt es wie aus einem Mund, nur die Zeigefinger gehen in gegensätzliche Richtungen.

Irgendwann wird auch für Esmaeel klar, dass er genau das an seiner Tochter mag. Dass sie ihren eigenen Kopf hat. Dass sie weiß, was sie will. Und dass sie sich nicht beirren lässt. Auch wenn das anstrengend ist. Für beide.

Als Maryam 14 ist, taucht der erste Freund auf. Doch der fährt Moped, nicht angemessen für Papas Tochter. »So habe ich mich immer wieder im Schluss machen geübt«, sagt Maryam lakonisch. Einige Verehrer später taucht wieder »so einer« auf. »Da war sie

Maryam hat das, was viele Vatertöchter auszeichnet: Dickkopf, Durchhaltevermögen und einen unerschütterlichen Glauben an sich selbst. Pferde haben sie und ihren Vater Esmaeel noch enger zusammengeführt, sie waren und sind ihre große Leidenschaft.

gerade im Abitur. Er kommt hier rein, mit Rucksack. Und geht mit ihr runter in ihr Zimmer.« Esmaeel verdreht noch in der Erinnerung die Augen. Wie bitteschön soll seine Tochter denn so das Abitur schaffen? Gegen Mitternacht geht er runter und sagt laut und vernehmlich: »Sperrstunde!« Maryam schaut ihren Vater mit ihrer liebevoll-spöttischen Art an. »Das hast du gesagt?« Sie lacht schallend. »Ich habe da aber noch was anderes gehört.« Wie auch immer, der Junge muss gehen. »Und danach wollte sie ihn erst mal nicht mehr, obwohl er doch ganz, ganz nett war«, beteuert Esmaeel mit treuherzigem Blick. »Aber Papa hat sich entschuldigt, und dann war er noch ein paar Jahre da«, sagt Maryam.

Esmaeel ist in den Bergen im Iran aufgewachsen, unter Nomaden. Ganz anders als die konservativen Familien in der Stadt. Seine Tanten, Schwestern und Cousinen sind geritten, haben gejagt, konnten schießen. Seine Mutter war im Minirock unterwegs. Der Vater war abwesend. Er wusste nicht einmal das Alter seines Sohnes und starb früh. »Bei uns wollte man schon immer die Töchter stark haben. Und das habe ich meiner Tochter mitgegeben. Ich wollte auf keinen Fall, dass sie so eine kleine Tussi wird.«

Diese Mischung aus Stolz, Stärke und Unabhängigkeit hat Esmaeel im Gepäck, als er 1981 Chomeinis Gottesstaat verlässt und mit 23 Jahren nach Deutschland kommt. Der heute 63-jährige Bauunternehmer landet damals in einem Dorf in Hessen. Für seine erste Baustelle leiht er sich den Traktor eines Bauern.

Wir fotografieren auf der Pferdekoppel, doch dann fängt es an zu regnen. Esmaeel steigt noch mal schnell auf den Traktor und lädt große Fuder Heu im Stall ab. Wir fahren ins nahegelegene Haus von Esmaeel und seiner Frau Christiane. Es ist groß, modern und einladend. Christiane serviert Tee und setzt sich zu uns. »Mama hat oft zwischen uns schlichten müssen«, sagt Maryam, »immer dann, wenn Papa und ich zu sehr aneinander geraten waren.« Und das kann man sich angesichts der ruhigen und gelassenen Ausstrahlung von Christiane bestens vorstellen. Sieht man jetzt Mutter, Vater und Tochter zusammen, ist die Ähnlichkeit zwischen Vater und Tochter noch frappanter. Auf dem Klavier stehen die Fotos der anderen Kinder. »Iranische Emotionalität und deutsche Sachlichkeit« bekämen die Kinder aus deutsch-iranischen Beziehungen mit, meint Esmaeel.

Maryam muss noch heute nach Hamburg zurück, das Medizinstudium und der Freund warten. Und ihre Musikkarriere, die sie ganz nebenher gestartet hat. Die dritte Single ist gerade raus und eine Deutschlandtournee ist geplant. Wir kommen dann doch noch mal ins Plaudern über Frauen und Männer und darüber, wie schwer es für Frauen immer noch sein kann. »Ich war schon oft in Situationen, wo ich mich gegenüber Männern behaupten musste. Und dann habe ich immer daran gedacht«, sagt Maryam und wirft einen Blick zu ihrem Vater: »Mir kann keiner!«

Zum Abschied frage ich noch Esmaeel, was er an seiner Tochter besonders mag. Seine Antwort kommt wie aus der Pistole geschossen: »Meine Tochter ist mächtig. Sie kann alles. Es gibt keinen Mann, der ihr noch was beibringen kann.«

Esmaeel schätzt an seiner Tochter, dass sie ihren eigenen Kopf hat. Dass sie weiß, was sie will. »Sie ist mächtig. Sie kann alles. Es gibt keinen Mann, der ihr noch was beibringen kann.«

INSA & GERHARD

ZU DEN STERNEN

»Ich kann das nur so durchziehen,
weil ich schon als Mädchen
dieses Selbstvertrauen hatte.
Ich zweifele nicht an mir selbst.
Ich weiß einfach, dass ich
das kann.«

Wir sind um 16 Uhr vor der Bundeskunsthalle Bonn verabredet. Ich treffe mich mit Gerhard Thiele, Physiker und Astronaut, und mit seiner Tochter Insa Thiele-Eich, Meteorologin und Astronautin. Der 67-Jährige war schon im All, seine Tochter könnte die erste deutsche Astronautin werden. Die 37-Jährige ist eine von zwei Frauen, die es von 400 Bewerberinnen geschafft haben, zur Ausbildung zugelassen zu werden. »Die Astronautin« heißt die privat finanzierte Initiative der Luft- und Raumfahrtingenieurin Claudia Kessler, die es sich zum Ziel gesetzt hat, die erste Deutsche auf die Internationale Raumstation ISS zu befördern.

Gerhard Thiele ist schon da, Insa Thiele-Eich hat eben eine Nachricht geschickt. Wenig später kommt sie angeradelt. Sie hat viel um die Ohren. Eine 70-Prozent-Stelle als Meteorologin an der Universität Bonn, 50 Prozent ihrer Kraft steckt sie zurzeit in ihre Ausbildung zur Astronautin. Macht 120 Prozent. Dann ist sie noch in der Kommunalpolitik engagiert, ist verheiratet und hat drei Kinder. Bei wie viel Prozent sind wir jetzt? Ich klaue auf jeden Fall noch mal drei Stunden der Zeit für Fotos und Gespräch. Wir fotografieren auf dem Dach der Kunsthalle und setzen uns später zu dritt zusammen.

INSA & GERHARD ZU DEN STERNEN

Es fällt auf, dass Sie sehr ähnliche berufliche Laufbahnen haben: Sie, Insa, haben Meteorologie studiert, Sie, Gerhard, Ozeanographie. Und nun wollen Sie, ganz wie Ihr Vater, auch noch hoch zu den Sternen?

Insa: Natürlich prägt einen die Familie. Aber ich wusste ganz ehrlich bis zu meinem Vordiplom gar nicht, dass mein Vater in Ozeanographie promoviert hat.

Aber dass er später Astronaut war, das haben Sie schon mitbekommen?

Insa (lacht): Spätestens, als wir für das Training in die USA umgezogen sind, war das ja nicht zu übersehen. Aber falls die Frage darauf abzielt, wie stark mich das geprägt hat, ich denke, sicher zum Teil. Aber ich vermute, die Tatsache, dass ich in einer sehr großen AstronautInnen-Familie großgeworden bin, hat mich viel mehr geprägt. Meine Eltern lebten ja mit mir und meinen drei kleineren Geschwistern ein paar Jahre in den USA. Mein Vater arbeitete bei der NASA beziehungsweise war vom DLR, dem Deutschen Zentrum für Luft- und Raumfahrt, dorthin gesandt worden. Da waren ganz viele Menschen, Frauen wie Männer, die alle begeistert von ihrem Beruf waren. Egal, was es war, ob Training im Pool oder theoretisches Lernen, sie haben es mit einer großen Begeisterung und Leichtigkeit getan.

Gerhard: Stimmt. Fast alle unsere Freunde und Freundinnen waren Raumfahrer. Raumfahrt war eine Normalität für die Kinder. In der Grundschule unserer jüngeren Kinder hingen damals 43 Porträts von Astronauten. Wenn jemand gesagt hat: »Mein Papa ist Astronaut oder meine Mama ist Astronautin«, war das nichts Besonderes.

Insa: Wir haben den Alltag miteinander geteilt und am Wochenende miteinander gefeiert. Ich war Babysitterin bei ich-weiß-nicht-wie-vielen Raumfahrern und Raumfahrerinnen. Das war also nicht nur mein Papa, es war das ganze Umfeld, das mich geprägt hat.

Gerhard: Aber eins ist schon interessant: In meiner Astronautenklasse waren 45 Astronauten, wir hatten zusammen sicher mehr als hundert Kinder. Aber da gibt es nur eine, die der Mama oder dem Papa gefolgt ist, und das bist du.

Insa: Na, wer weiß, wie viele dabei wären, wenn es öfter eine Chance gäbe, sich zu bewerben! Die muss man ja erst mal haben.

Sie, Gerhard, haben zwei Söhne und zwei Töchter. Der Klassiker wäre ja, dass einer der Söhne dem Vater folgt.

Insa: Wenn ich die Frage nur höre, kriege ich schon Gänsehaut. Mit diesen Klischees und auch Erwartungen bin ich zum Glück nicht groß geworden. Bei uns hat niemand am Tisch gesessen und gesagt: So, du wirst jetzt das und das. Und dass es sich bei der Raumfahrt um eine Männerdomäne handeln könnte, darauf konnte man in unserem Umfeld kaum kommen. In der Klasse meines Vaters waren Frauen keine Seltenheit.

Gerhard: Das stimmt, das war bei uns nun wirklich ganz anders. Dennoch fällt auf, dass es unter den Astronauten weltweit zurzeit nur fünf Eltern-Kind-Paare gibt, ein amerikanisches, drei russische und ein deutsches. Und die vier anderen sind Vater-Sohn-Paare, wir sind das einzige Vater-Tochter-Paar.

Wieso sind Sie die Ausnahme?

Gerhard: In Russland gibt es nur ganz wenige Kosmonautinnen, deswegen überrascht es nicht, dass es dort bis heute nur Vater-Sohn-Paare unter den Kosmonauten gibt.

INSA & GERHARD ZU DEN STERNEN

Seltsam, wo doch Walentina Tereschkowa, die erste Frau im All, eine Russin war …

Gerhard: Walentina war 1963 die erste Frau im Weltraum, doch in dem halben Jahrhundert nach ihr sind nur noch drei Kosmonautinnen ins All gestartet: Swetlana Sawizkaja, Elena Kondakova und zuletzt Elena Serova 2014. Ich hatte das Glück, Walentina Tereschkowa mehrmals zu begegnen, eine wunderbare Frau und eine Seele von Mensch! In den USA hat es etwas länger gedauert: Sally Ride flog als erste Amerikanerin 1983 ins All. Doch heute ist dies in den USA Normalität, über 50 Amerikanerinnen waren seit Sallys Erstflug im All.

Zurück zu Ihnen. Wie kommt es, dass Sie beide das einzige Vater-Tochter-Paar in der Raumfahrt sind?

Gerhard: Das werden wir bestimmt nicht lange bleiben, da werden andere folgen.

Haben Sie Ihre Tochter speziell ermutigt?

Gerhard: Wir haben jedes Kind ermutig, das zu werden, was sie selbst wollten, egal, ob Sohn oder Tochter. Bei uns hieße es: Sagt uns, was ihr wollt. Und wir machen möglich, was wir können.

Gab es Angebote?

Gerhard: Ja, es wurde nicht verlangt, aber »highly encouraged«, dass man eine Sportart und ein Musikinstrument lernt. Wir haben in alle Richtungen ermutigt, nicht nur in die naturwissenschaftliche.

Insa (lacht): Na, wir haben immerhin Wasserraketen zusammen gebaut. Das waren kleine Miniraketen, die mit ein bisschen Wasser gefüllt werden. Wenn man lange genug mit einer Luftpumpe Luft zuführt …

Gerhard: … wird der Luftdruck innen zu groß, und sie hebt ab. Aber nur etwa zehn Meter hoch, weil dann der Luftwiderstand zu groß wird.

Insa: Später wurden auch größere Modellraketen gestartet, oder wir sind nachts losgezogen, um Saturnringe oder Sternschnuppenschauer zu sehen. Es gab aber viele gemeinsame Ausflüge in die Natur, wie Wandern oder Campen, gemeinsames Experimentieren. Aber, das stimmt, es gab auch über die Naturwissenschaften hinaus viele kulturelle Aktivitäten. Deshalb gab es sicher auch bezogen auf die berufliche Entwicklung nur eine Devise: »Hauptsache es macht euch glücklich.«

Und als Ihre Tochter Ihnen dann mit 16 Jahren eröffnet hat, dass sie Astronautin werden will, was haben Sie da gesagt?

Gerhard: Schön, dann mach! Mehr nicht. Einem kanadischen Freund von mir, der auch Astronaut ist, hatte sie es schon viel früher gesagt.

Insa: Papa hat meinen Traum erst mal zur Kenntnis genommen. Das war's aber auch. Und das ist auch gut so. Wir haben dann nur noch darüber gesprochen, dass es nur ein Plan B sein kann. Ein Plan A darf es nicht sein, weil so selten Astronauten und Astronautinnen gesucht werden. Es ist schön, wenn es klappt, aber das darf niemals das einzige Ziel sein. Das hast du mir mitgegeben.

Sie wussten also schon mit 16, dass Sie Astronautin werden wollen, Insa?

Insa: Da wurde der Traum tatsächlich konkreter. Aber ich vermute, das wäre ohne unser Leben in Amerika nie so gekommen. Was die Frauen- und besonders die Mutterrolle betrifft, haben wir in Deutschland leider sehr viel Aufholbedarf. Es ist schon seltsam, wenn eine Frau Astronautin ist – aber eine Mutter im All … Das ist hierzulande für manche einfach nur absurd. In den USA war das anders. Da sagt keiner, die Janice ist Astronautin und die hat sogar Kinder. Und

manchmal kommt sie auch zum Elternabend. Ich war hier in Bonn die erste Doktorandin mit Kind in der Geschichte des Institutes, die weitergearbeitet hat. Das muss man sich mal vorstellen. Vorbilder gab es da keine, Professorinnen und Mütter in meinem Fachbereich waren mir auch nicht bekannt. Und als mir dann an einer anderen Uni aus einem anderen Fachbereich tatsächlich mal eine Professorin mit drei Kindern begegnete, wurde sie mir so vorgestellt: »Die ist krass, die war lieber auf einer Konferenz als bei der Einschulung ihres Kindes.«

Dass Sie Vater sind, Gerhard, hat für Ihren Beruf keine Rolle gespielt?

Gerhard: Nein, nie mit diesem Unterton. Bei mir waren alle sehr viel verständnisvoller, da war nie ein Vorwurf nach dem Motto: Wie kannst du das deinen Kindern zumuten? Ich wurde höchstens gefragt, wie ich meinen Kindern erkläre, was ich da so mache, wenn ich ins All fliege.

Insa: Männliche Astronauten werden verehrt. Der ist ein Held, der war im All. Wow. Bei Frauen ist das irgendwie auch spannend, aber schon etwas seltsam. Und eine Astronautin, die Kinder hat, ist in Deutschland ein Insekt mit neun Beinen.

Sie haben drei Kinder, Insa. Wie ist die Haltung Ihres Mannes dazu? Und wie läuft konkret die Arbeitsteilung in der Familie?

Insa: Mein Mann und ich sind seit 20 Jahren zusammen, und wir hatten viel Zeit, uns als gleichberechtigtes Paar zu finden. Das war ein großer Vorteil. Seit zehn Jahren sind wir Eltern, und sind beide in der Lage, uns jeweils komplett alleine um alles, was an Haushalt und Kinderbetreuung anfällt, zu kümmern. Das sollte eine Selbstverständlichkeit sein, aber mein Mann erfährt viel Bewunderung dafür, dass er es tatsächlich schafft, vor der Arbeit drei Kinder alleine morgens für Schule und Tagesmutter fertig zu machen. Wow! Was für eine Leistung! Wie viele Mütter machen das tagtäglich über Jahre hinweg, ohne dass ein Hahn danach kräht? Gleichzeitig ist es aber auch so, dass automatisch ich angerufen werde, wenn irgendetwas in der Schule ist. Da ich oft auf Dienstreisen bin, nennen wir meist meinen Mann als erste Kontaktperson. Aber lieber spricht man mir dreimal aufs Band, als einmal den Vater anzurufen – den möchte man nicht bei der Arbeit stören. Und wenn ich einmal nicht beim Elternabend war, aber die vier Male davor, dann heißt es beim nächsten Elternabend: Das ist aber schön, dass Sie sich mal wieder blicken lassen. Von solchen Momenten könnte ich stundenlang erzählen. Zum Glück bemerken wir auch hier langsame, aber stetige Veränderungen in den letzten zehn Jahren.

Wie war das bei Ihnen, Gerhard?

Gerhard: Meine Frau ist Ergotherapeutin und durfte in Amerika leider nicht arbeiten, sie war die Managerin der Familie. Sie hat mir oft den Rücken freigehalten, so hatte ich es um vieles einfacher.

Sie, Insa, und Ihre Kollegin Suzanna Randall sind unter 400 Frauen ausgesucht worden. Eine von Ihnen wird die erste deutsche Astronautin im All. Das Projekt heißt »Die Astronautin« und ist eine private Initiative der Luft- und Raumfahrt-Ingenieurin Claudia Kessler.

Insa: Es ist das erste private Projekt weltweit, das Astronautinnen kommerziell, also unabhängig von staatlichen Raumfahrtagenturen, ausbildet. Das erste Ziel ist, eine deutsche Wissenschaftlerin für eine Wissenschaftsmission auf die Raumstation ISS zu bringen.

INSA & GERHARD   ZU DEN STERNEN

Wie viel haben Sie von den schätzungsweise 40 Millionen schon zusammen, die Sie für die erste Mission einer deutschen Astronautin benötigen?

Insa: Wir haben bereits einiges erreicht, besonders, was das Training angeht. Hier werden wir Ende 2020 mit dem Basistraining abschließen. Die Finanzierung des Fluges ist eine andere Hausnummer. Es gab Anfang des Jahres erste Schritte, eine parteiübergreifende Lösung seitens der Bundesregierung zu finden. Dann kam Corona, und gerade ruhen die Bemühungen etwas. Aber wir geben nicht auf.

Wenn das klappt, was wollen Sie da genau erforschen?

Insa: Ein Teil der Mission soll humanphysiologisch sein. Es gibt große Unterschiede, wie der männliche und der weibliche Körper auf Schwerelosigkeit reagiert.

Schwerelosigkeit kommt doch auf der Erde gar nicht vor. Wieso ist das für uns interessant?

Insa: Weil wir Erkenntnisgewinne bekommen über Prozesse, die im Körper ablaufen. Zum Beispiel büßt ein Drittel der Männer auf der Raumstation während ihres Aufenthaltes ihre Sehkraft signifikant ein. Bei den Frauen wurde das bisher nicht beobachtet. Warum nicht? Man weiß es nicht. Es stellt sich also die Frage: Funktionieren die Augen von Frauen und Männern unterschiedlich? Falls ja, wird der Effekt auf der Erde bei Untersuchungen durch die Schwerkraft »verdeckt«? Oder hat der Verlust der Sehkraft ganz andere Ursachen? Im All kann man diese Fragestellung präzise untersuchen.

Sie würden also geschlechterspezifisch forschen?

Insa: Genau. Historisch gesehen ist ja – nicht nur im All – lange Zeit in der Medizin ausschließlich männerspezifisch geforscht worden. Und da es bisher noch nicht viele europäische und gar keine deutschen Frauen im All gab und die Daten international nicht vollumfänglich geteilt werden, gibt es hierzulande kaum Datensätze zu Frauen. Deutschland hat eines der weltweit führenden Institute für Luft- und Raumfahrtmedizin, aber die besitzen, wenn ich richtig informiert bin, drei unvollständige Datensätze über Frauen. Alle anderen Daten basieren auf Männern.

Gerhard: Aber ihr macht doch nicht nur frauenspezifische Forschung, sondern ihr wollt doch überwiegend vergleichbare Experimente machen.

Insa: Na klar, wir machen die gleichen Experimente, die schon lange mit Männern gemacht werden – damit es vergleichbar wird oder man aus den Unterschieden lernt. Auf der Erde ist es ja genauso: Der Gendergap in der Medizin kann schwere Folgen haben. Ein Herzinfarkt zum Beispiel hat bei Frauen ganz andere Symptome als bei Männern, das wurde aber lange nicht genau genug erforscht (und dann auch nicht kommuniziert). Mich schockiert es manchmal geradezu, wie die Hälfte der Bevölkerung an allen Ecken und Enden bei Studien außen vor gelassen wird.

Die Kosten für Flug und Forschungen des Projektes »Die Astronautin« müssen bisher privat eingeworben werden. Bei Ihnen, Gerhard, war das ja anders. Sie gehörten erst dem DLR und dann dem europäischen Astronautenteam der ESA an und sind im Jahr 2000 zur ISS geflogen. Sie mussten keine Gelder einwerben wie Ihre Tochter heute.

Gerhard: Das ist richtig. Und ich bin wirklich sehr verblüfft über die mangelnde Unterstützung, die ihr bekommt, zum Beispiel von den Raumfahrtagenturen, der deutschen oder der europäischen. Ich finde die Initiative »Die Astronautin« sehr unterstützenswert, nicht zuletzt aus einem ganz anderen Grund: Noch gibt es keine Ideen, wie private und institutionelle Raumfahrt miteinander in der Zukunft umgehen sollen. Das Columbus-Modul der ISS, also das Forschungslabor, gehört der ESA und wird mit europäischen Steuergeldern bezahlt. Wenn jetzt private Initiativen mit Wissenschafts-Astronautinnen und -Astronauten da oben ankommen, muss man die Regeln für diese fremde Nutzung festlegen. Und mit eurer geplanten Mission könnte man das wunderbar ausprobieren. 40 Millionen ist in der Raumfahrt nicht viel, das wäre quasi kostenlos für so einen Test.

Insa: Teilweise arbeiten wir ja schon mit der ESA zusammen, über das Bildungsprogramm ESERO. Ich habe ja nichts dagegen, wenn Synergien entstehen, und liebe es, wenn Ressourcen effizient genutzt werden. Aber es hat halt einen leichten Beigeschmack, wenn wir auf Wunsch einer Bundesministerin zu einem Raumfahrtevent gemeinsam mit einem Kollegen eingeladen werden, sich dann aber herausstellt, dass ich mit ein paar Mädchen in einem Nebenraum Blumensamen pflanzen soll, während mein Kollege auf der großen Bühne steht. Da kann man im besten Falle drüber lachen.

Kennen Sie das auch?

Gerhard: Nein, in der Form nicht.

Insa: Im Juni 2020 fand der erste astronautische Start eines kommerziellen Raumfahrtunternehmens statt – von SpaceX. Ein Fernsehsender hatte eine Männerrunde dazu eingeladen. Vier Männer unterhielten sich über die Zukunft der Raumfahrt. Auch nahezu jede MAZ, die eingespielt wurde, zeigte Männer. Man kam gar nicht auf die Idee, eine Frau einzuladen, die noch dazu als Gründerin eines kommerziellen Raumfahrtunternehmens gesteigertes Interesse an diesem Starttermin hatte, nämlich meine Chefin Claudia Kessler. Bei mir haben sich viele fassungslose Menschen gemeldet, die – wie ich auch – dem Sender geschrieben haben. Und was haben sie beim nächsten Startversuch ein paar Tage später gemacht? Meinen Vater eingeladen … (lacht und wendet sich ihrem Vater zu). Du kannst da natürlich hingehen. Aber solltest du das tun? Solche Situationen hören nur auf, wenn Männer selbst sagen: Das geht so nicht weiter. Solange es Männern nicht peinlich ist, unter sich dazusitzen und der Welt zu erklären, wie die Dinge heute und in Zukunft funktionieren, so lange ändert sich da auch nichts.

Gerhard: Da gebe ich dir Recht. Allerdings war ich als Astronaut eingeladen und leider gibt es bis heute noch keine deutsche Frau, die im All war.

Es fällt doch auf, dass der Weg Ihrer Tochter hinauf zu den Sternen wesentlich rauer ist, als es Ihrer war.

Gerhard: Ja, auf jeden Fall. Ich musste mich nie rechtfertigen. Und ich musste nie diese Kämpfe

INSA & GERHARD   ZU DEN STERNEN

ausfechten. Aber ich habe mich hoffentlich gleichzeitig um meine Kinder gekümmert.

Insa: Das hast du. Und ich kann das nur so durchziehen, weil ich schon als Mädchen dieses Selbstvertrauen hatte. Ich zweifele nicht an mir selbst. Ich weiß einfach, dass ich das kann. Obwohl ich eine Frau bin. Obwohl mir gesagt wird, dass ich eine fürchterliche und ganz komische Mutter bin. Obwohl mir selbst im Astronautenanzug bei Abendveranstaltungen Hände auf Körperteile gelegt werden, auf die sie nicht gehören.

Haben Sie Tipps für Ihre Tochter?

Gerhard: Ich bin an dieser Stelle einfach sprachlos. Wirklich fassungslos über diese Ungleichbehandlung. Mir ist es schlichtweg fremd, eine Frau zu benachteiligen, weil sie eine Frau ist.

Insa: Das stimmt, dir ist das wirklich fremd. Aber ich habe auch bei dir gelernt: Man braucht einfach einen langen Atem. Du hast zwölf Jahre für deinen Flug trainiert und wusstest lange nicht, ob du überhaupt fliegen wirst. Ich bin gerade mal drei Jahre im Training, also erst am Anfang. Ich arbeite auf jeden Fall an dem großen Ziel: Ich möchte die erste deutsche Frau ins All schicken, egal, wer das ist, damit sich die nächste Astronautin nicht mehr all diese Gedanken machen muss. Mit unserer Initiative »Die Astronautin« erreichen wir heute schon Tausende von Mädchen, die sich vielleicht eines Tages auch auf diesen Weg machen werden.

»Bei dir habe ich auch gelernt: Man braucht einfach einen langen Atem... Ich arbeite auf jeden Fall an dem großen Ziel: Ich möchte die erste deutsche Frau ins All schicken.«

PETRA & DANIEL

ZWEI, GANZ OBEN

»Einfach machen,
nicht vorher studieren,
so sind wir beide.«

Jedes Jahr im Frühsommer zieht Petra mit zwei eigenen und 23 fremden Kühen für vier Monate auf die Alp im Berner Oberland. Sie und ihr Mitsenn sind dann für die Käseproduktion des gesamten Jahres verantwortlich.

PETRA & DANIEL ZWEI, GANZ OBEN

»Du fährst lange durch den Wald bis zur ersten Alp. Vor der Brücke links bis zum großen Ahorn. Und da wartest du auf meinen Mitsenn. Der wird dich mitnehmen.« Die Textmessage leuchtet abends auf meinem Handy. Das Profilfoto der Absenderin strahlt mich an, rote Haare, Dirndl, dahinter die Berglandschaft des Berner Oberlandes. Als ich am nächsten Tag frühmorgens vom Hotel über dem Thuner See aufbreche, frage ich lieber noch mal nach. Denn ich bin auf dem Weg zu einem Ort, der auf keiner meiner Karten verzeichnet ist. Und selbst Google kennt ihn nicht.

Wie also komme ich auf die Flühlauenen? »Oh!«, ruft die Dame an der Rezeption. »Da fahren wir normalerweise nicht mit dem Auto hin.« Und dann macht sie eine Pause. Erst als ich meine Verabredung mit der Älplerin Petra Graber ins Spiel bringe, bekomme ich weitere Auskünfte. »Sie fahren lange durch den Wald bis zur ersten Alp. Vor der Brücke mit dem Alphorngeländer links bis zum großen Ahorn. Und dann immer weiter.« Ich notiere: »Alphorngeländer.« Als ich ins Auto steige, ruft sie mir noch hinterher: »Und grüßen Sie die Petra!« Von wem? »Vom ganzen Hotel Adler.« Es ist, als startete ich zu einer Expedition in eine fremde Welt.

Ich fahre also lange durch den Wald. Durch grüne Wiesen und an malerischen Holzhütten vorbei. Hinein ins Justistal. Vor der Brücke mit einem Geländer, das aus zwei Alphörner besteht, biege ich nach links ab. Und da steht er, der große Ahorn. Kühl ist es hier oben, ich ziehe einen Pullover über. Da sehe ich schon den Mitsenn den Berg herunterfahren. Kräftig, Bart, freier Oberkörper. Er begrüßt mich. Ich verstehe kein Wort. Ich bin in einer fremden Welt.

Mit dem Mitsenn Uerli am Steuer des 4-Wheels fahre ich den steinigen, schmalen Weg bergan. Aus dem CD-Player kommt Jodelmusik. »Da singt mein Vater«, sagt Uerli. Die hochdeutschen Worte plumpsen wie Felsbrocken aus seinem Mund. »Du kannst Schweizerdeutsch sprechen, ich verstehe das«, sage ich tapfer. Nach zehn Minuten Fahrt sind wir da. Auf der Flühelauenen. Eine kleine Hütte mit Blick auf hohe blaue Berge, hinter denen gerade die Sonne aufgeht. Aus dem angrenzenden Stall ist ein Konzert aus dunklem und hellem Kuhglockengeläut zu hören. Über die Holzveranda geht es in die Hütte. Da steht die Älplerin Petra mit einer großen Schürze aus Wachstuch und hat gerade überhaupt keine Zeit. Sie ist mitten in der Käseproduktion. So würde man es auf Hochdeutsch sagen. Auf Schweizerdeutsch heißt es schlicht: Sie chäst.

Petra hält ein Thermometer in den riesigen Kupferkessel. Die Milch muss genau 32 Grad betragen, kein Grad weniger, kein Grad mehr. Gebannt schaut Petra auf die Anzeige. Und legt dann noch einen Scheit auf das lodernde Holzfeuer. Ich kann gerade noch in die Hütte schlüpfen, bevor alle Fenster und Türen geschlossen werden. Der Raum muss feucht und warm sein, wenn alles gelingen soll. Jetzt wird die Temperatur auf 52 Grad erhöht. Die Masse dreht sich im Topf. Und dann halten Petra und Uerli weiße Leinentücher in den Kessel und ziehen wie Fischer mit ihren Netzen große Klumpen der Milch-Käse-Masse heraus. Petra presst die Flüssigkeit raus und gibt die Masse in eine runde Form. Die Raumtemperatur und Luftfeuchtigkeit haben Dampfbad-Qualität. Petra, Uerli und ich sind klatschnass. Eine Stunde dauert die Prozedur und dann darf endlich wieder Luft in den Raum.

»Ich war schon als Kind hier«, sagt Petra später, als wir am Holztisch in der Stube sitzen. »Und ich wollte eigentlich nie etwas anderes machen.« Sie schreibt

PETRA & DANIEL   ZWEI, GANZ OBEN

währenddessen die wöchentliche Milchabgabe jeder Kuh mit Kreide auf eine Tafel. Im Frühjahr waren es noch 500 Liter – da war noch mehr und frischeres Gras auf den Wiesen. Jetzt kommen gerade mal insgesamt 260 Liter Milch zusammen. So ist es eben. Hier wird kein Tier mit Kraftfutter und Hormonen zu Höchstleistungen getrieben.

Daniel, Petras Vater, ist dazugekommen. »Ich bin der Daniel«, sagt er, »über 1000 Meter duzt man sich.« Er setzt sich neben seine Tochter und schaut ihr zu. »Ja«, sagt er, und macht dann erst mal eine lange Pause. »Auch ich war schon als Kind hier.« Dann erst mal wieder Stille, als müsse das Echo des Satzes in den Bergen verhallen. Er nimmt einen kräftigen Schluck aus der Bierflasche, Helles aus dem Berner Oberland. Durch die Fenster scheint die Sonne, nebenan bimmeln die Glocken der Tiere. »Wir sind jetzt 26 Sommer hier.« 26 Sommer. Zusammengerechnet, für Vater und Tochter – denn die Tochter ist ja erst 23 Sommer alt.

Seit fünf Jahren verlässt die gelernte Landwirtin Petra jedes Jahr im Juni den elterlichen Hof. Dann zieht sie mit zwei eigenen und 23 fremden Kühen für vier Monate hoch in die Berge. Die Flühelauenen ist eine Genossenschaftsalp, und jeder Bauer und jede Bäuerin der 20-köpfigen Genossenschaft darf eine, manchmal auch zwei Kühe in die Sommerfrische mitgeben. Und erhält am Ende der Saison den Käse im Verhältnis zur Milchleistung ihrer Kühe. Das »Chäseteilet« am Ende der Saison ist ein fröhliches, von Singen und Jodeln begleitetes Fest. Es endet mit dem Alpabzug im September, bei dem die Kühe bekränzt ins Tal geführt werden.

Aber davor hat Petra einen sehr verantwortungsvollen Job. Sie und ihr jeweiliger Mitsenn sind für die gesamte Käseproduktion des Jahres verantwortlich. Im ganzen Sommer kommen dreieinhalb Tonnen Käse zusammen, also etwa 360 große gelbe Käselaibe. Bei einem Stückpreis von zirka 200 Franken macht das 72 000 Schweizer Franken. »Wenn man da was falsch macht, geht viel Geld verloren«, sagt Petra. Jeden Tag der gleiche, fest geregelte Tagesablauf. Und der richtet sich nach den Tieren. »Im Moment stehen die Kühe schon um fünf Uhr morgens da, da fangen wir eben so früh an«, sagt Petra. »Erst melken, dann chäsen. Dann den Käse pflegen. Und um vier melken wir das zweite Mal.« Den Käse pflegen? Dazu kommen wir später noch.

Bevor die Kühe aber auf die Alp dürfen, müssen sie zu Vater Daniel in den Kindergarten. »Die sind noch ganz verwildert und müssen erst mal handzahm gemacht werden«, sagt er. »Sie müssen sich ja auf die Weide führen lassen, oder?« Wenn die Kühe für zwei Jahre in Daniels Kuh-Kita gegangen sind, wenn Melanie, Sina, Edelweiss und Enzian, Janine und Ulla auf ihre Namen hören, dann sind sie reif für die Alp. Wobei Ulla schon ein alter Hase ist, sozusagen. Die milchkaffee-braune Kuh gehört Petra und ist sagenhafte 16 Jahre alt.

Natürlich kennen Vater und Tochter die Tiere genau. »Die Kühe haben ganz unterschiedliche Charaktere«, sagt Daniel Graber. »Es gibt die Sturen, die Nervösen, die Anhänglichen, die Klugen und die Dummen. Genau wie bei den Menschen, oder?« Er schaut zum Fenster hinaus. »Oft gleichen sie dem Bauern, dem sie gehören. Wenn er nervös ist, dann sind die Tiere auch nervös.« Und Petra ergänzt: »Unsere Braunen sind irgendwie immer ein bisschen dominant, die sind immer der Chef. Aber wir lassen auch die Hörner dran.«

PETRA & DANIEL   ZWEI, GANZ OBEN

Auf der Alp Flühelauenen im Justistal mit Blick auf hohe blaue Berge gesteht Petra: »Ich war schon als Kind hier. Ich wollte eigentlich nie etwas anderes machen.«

PETRA & DANIEL   ZWEI, GANZ OBEN

Der Umgang mit den Tieren will gelernt sein. Generell gilt: Mit dem Kopf durch die Wand geht bei Rindern nicht. »Wenn du einen Termin hast und ein wenig nervös bist, dann spüren sie das. Pressieren bringt nichts, da hast du am Ende viel länger zu tun.« Petra nickt. »Das habe ich von meinem Papa gelernt.«

Thönnies. Der Fleischbetrieb in Niedersachsen, der im Sekundentakt Tiere anliefert, schlachtet, zerlegt? Daniel Graber schüttelt den Kopf. Das sind Dimensionen, die er sich nicht vorstellen mag. »Warum muss alles immer größer werden und größer, das ist doch nicht gut«, sagt er. Aber was ist groß? Wie groß sollte ein Hof sein? »So groß, dass der Bauer es im Griff hat«, sagt Petra, »und die Hauptsache ist, dass es den Tieren gut geht.« Es gibt sie offenbar noch, die glücklichen Kühe.

Ruedi, ein älterer Bauer der Genossenschaft, hat im Hintergrund begonnen zu kochen. Einmal in der Saison kocht er für Petra und den Mitsenn. Und was dann auf den Tisch kommt – frischer Salat, Geschnetzeltes und Rösti –, ist an Köstlichkeit kaum zu übertreffen. Draußen ziehen ein paar Wolken auf. Wir müssen los, den Käse pflegen.

Es geht hinunter zur ersten Alp. Die alte Holztür öffnet sich zu einem feuchten, dunklen Keller. Bei Licht ist es eine Schatzkammer. Die dicken Holzbretter an den Wänden sind rundherum gefüllt mit goldgelbem, glänzendem Käse. Jetzt also wird er gepflegt, der Käse. Ich bin gespannt. Der Vater holt den ersten 10-Kilo-Laib aus dem Regal und legt ihn auf den Tisch. Die Tochter taucht den Lappen in einen Eimer mit Salzlake und reibt sorgfältig die Rinde ein. Sie wird mit jedem Einreiben ein bisschen dicker. Dann wird der Laib zurückgelegt und der nächste kommt auf den Tisch. Alle zwei Tage wird jeder einzelne Laib dieser Prozedur unterzogen. Alle zwei Tage werden hier Tonnen von Käse bewegt. Insgesamt dauert es zwei Monate, bis der Käse gereift ist. Zwei Monate harte körperliche Arbeit, gepaart mit vererbtem Wissen und präziser Handarbeit. Ich darf ein Stück Käse probieren. Und habe ein bisschen ein schlechtes Gewissen. Denn das lange und hart erarbeitete Stück ist mit einem Bissen in wenigen Sekunden verschwunden.

Pünktlich zum Ende der Käsepflege kommen Vera und Adrian mit Tochter Elisa zu Besuch, die Nachbarn von der Alp ein paar Meter weiter. Jetzt endlich ist eine Pause angesagt, Abhängen auf der Holzveranda. Vor uns das Bergpanorama des Justistals, die grünen Wiesen und der plätschernde Brunnen. Eben noch Schwerstarbeit und jetzt Postkartenidylle. Wie hat das eigentlich mit Petra und der Liebe zur Landwirtschaft angefangen? »Die war schon mit Windel im Stall, hat in einer Kiste gesessen, wenn wir gearbeitet haben«, sagt der Vater. Mit vier hat Petra dann mit ausgemistet. Als die Geschwister kamen, zwei Brüder, saß die älteste Tochter schon fest im Sattel. Es ist noch nicht ganz so ausgemacht, aber wie es im Moment aussieht, wird sie den Hof des 50-jährigen Vaters eines Tages übernehmen. »So ungewöhnlich ist es nicht mehr, dass die Tochter den Hof übernimmt. Sie muss nur noch den Mann dazu suchen, oder?«, sagt Daniel und nickt dazu.

Petra wäre dann in der fünften Generation auf dem Hof. Aber sie wäre nicht die erste Frau, denn ihre Urgroßmutter war schon mal die Hofbesitzerin, mit einem eingeheirateten Urgroßvater. So muss es bei Petra auch laufen, keine Frage. »Wenn ich einen Mann kennenlerne, der nicht auf dem Bauernhof leben will, kann ich den gerad wieder schicken«, sagt sie entschieden.

PETRA & DANIEL   ZWEI, GANZ OBEN

Gemeinsamkeiten zwischen Vater und Tochter? Was für eine blöde Frage. »Wir sind uns einfach in allem ähnlich«, sagen beide und schauen sich an. Und warum so theoretisch drüber reden? »Einfach machen, nicht vorher studieren, so sind wir beide«, sagt Vater Daniel.

Reich kann man hier nicht werden, aber das will Petra auch nicht. »Wett zbärg wosch gah, muesch Früd dran ha«, sagt sie. – Wie war das? »Wenn du auf die Alp gehst, musst du Freude dran haben.«

»Es war irgendwie immer schon so, dass ich lieber mit meinem Vater unterwegs war als im Haushalt mit meiner Mutter. Hausarbeit mache ich, weil es sein muss. Das hier mache ich, weil ich Freude daran habe.« Als Verkäuferin arbeiten, wie die Mutter es macht, das kann sich Petra nicht vorstellen. »Den ganzen Tag in einem Einkaufsladen, keine Tiere um mich, das geht nicht.« Vor ein paar Jahren hat sie als Kellnerin gejobbt. »Das war schrecklich«, sagt Petra. Den ganzen Tag mit Menschen und immer freundlich sein, das war ganz nahe an der Hölle für sie. Überhaupt die Stadt. Die Ampeln. Die Menschen. Die Straßenbahnen. Die Autos. Für beide, Vater und Tochter, eine ganz fremde Welt.

PETRA & DANIEL   ZWEI, GANZ OBEN

Bevor die Kühe auf die Alp dürfen, müssen sie zu Vater Daniel in den Kindergarten. »Die sind noch ganz verwildert und müssen erst mal handzahm gemacht werden.«

DÜZEN & SEYHMUS

DIE MUTIGEN

»Mein Vater sagt heute ganz offen: ›Ich bin Feminist.‹«

DÜZEN & SEYHMUS DIE MUTIGEN

»Mein Vater hat immer zu mir gesagt: ›Du musst eines Tages unsere Geschichte erzählen!‹ Dass es so dramatisch werden würde, konnten wir beide nicht ahnen.«

DÜZEN & SEYHMUS DIE MUTIGEN

Als die Tekkals, Vater Seyhmus und Tochter Düzen, im Sommer 2014 zu einer gemeinsamen Reise in das türkische-irakische Grenzgebiet aufbrachen, da sollte es eine Suche nach den Wurzeln der jesidisch-kurdischen Familie werden. Woher kommen wir? Wer sind wir? Was ist unsere Geschichte? Sie wollten zum Dorf der Großeltern in den Südosten des Landes fahren und hoch in die irakischen Berge zum Tempel Lalisch, dem heiligsten Ort der seit Jahrhunderten verfolgten religiösen Minderheit der Jesiden. Die damals 36-jährige TV-Journalistin Düzen hatte die Kamera eingepackt, der 61-jährige Vater Seyhmus, von Beruf Fliesenleger, freute sich auf eine spannende Reise. Doch es kam anders: Vater und Tochter landeten mitten im Krieg.

Am 3. August überfiel der Islamische Staat die irakische Stadt Shingal. Das Ziel der Fanatiker: Die Auslöschung der jesidischen Minderheit, der »Ungläubigen« und »Teufelsanbeter«. Der Vernichtungsfeldzug war von langer Hand geplant und der IS ging systematisch vor. In einem beispiellosen Massaker ermordeten die Islamisten viele Wochen lang über 10 000 Männer und Jungen. Die Frauen und Mädchen wurden zu Tausenden vergewaltigt, verschleppt und auf den Sklavenmärkten von Mossul und Rakka verkauft. 50 000 jesidische Menschen flohen, hinauf auf ihren heiligen Berg, den Sindschar. Dort gab es kein Essen, kein Wasser, nur sengende Hitze, über 50 Grad. Als Seyhmus und Düzen in ihrem Hotel ankamen, steuerte das Drama gerade auf seinen Höhepunkt zu. »Ich hätte nie wieder in den Spiegel schauen können, wenn ich da abgereist wäre«, sagt Düzen. Ihr Vater nickt.

Düzen und Seyhmus fahren mitten hinein in das Grauen. Der bis an die Zähne bewaffnete IS ist nur drei Kilometer entfernt. Mit einem Schlag wird die Journalistin Düzen zur Kriegsreporterin und dreht Bilder, die später die Welt aufrütteln sollten. Weinende Männer, Frauen, die ihre toten Kinder am Wegrand zurücklassen müssen, Waisenkinder, die ihre ganze Familie verloren haben. Ein unvorstellbares Leid.

In einem der Dörfer treffen sie eine junge Frau, die ihr von ihrer Verschleppung und Vergewaltigung durch den IS berichtet. Viele Frauen schämen sich, diese junge Frau nicht. Sie ist zornig und hat den Mut, offen über das zu sprechen, was ihr angetan wurde. Ihr Name: Nadia Murad; sie wird vier Jahre später – gemeinsam mit dem kongolesischen Arzt Denis Mukwege – den Friedensnobelpreis erhalten. Düzen Tekkal hat Nadias Stimme in die Welt getragen.

Düzens Film »Hàwar – Meine Reise in den Genozid«, der auf dieser und drei weiteren Reisen entstand, trug entscheiden dazu bei, dass eines der entsetzlichsten Verbrechen des IS in den internationalen Schlagzeilen landete. Die Welt konnte nicht länger wegschauen. Der damalige US-Präsident Obama griff ein und ließ Hilfslieferungen über dem Gebiet abwerfen; die Bundesregierung entschied, die kurdischen Anti-IS-Kämpfer mit Waffen auszurüsten; das Land Baden-Württemberg nahm über 1000 traumatisierte Jesidinnen auf, eine von ihnen war Nadia Murad.

Heute sitzen Vater und Tochter an einem sonnigen Tag vor mir in Berlin-Mitte. Der Vater ist aus Hannover angereist, die Tochter hat hier ihr Büro. »Diese Reise war die Geschichte unseres Lebens«, sagt Düzen. »Mein Vater hat immer zu mir gesagt: ›Du musst eines Tages unsere Geschichte erzählen!‹ Dass es so dramatisch werden würde, konnten wir beide nicht ahnen. Doch erst durch den IS-Terror konnte der Welt das Jahrhunderte währende Leid der Jesiden bewusst

In seiner neuen Heimat Deutschland engagierte sich Seyhmus Tekkal politisch und nahm seine vierjährige Tochter Düzen regelmäßig mit in den Landtag.

DÜZEN & SEYHMUS   DIE MUTIGEN

gemacht werden.« Wir sind in den Räumen der Hilfsorganisation »Hawar.help«, die Düzen gleich nach ihrer Rückkehr in Berlin gegründet hat. Der Verein hat mittlerweile 13 Mitarbeiterinnen und Mitarbeiter. Er wird von Spenden finanziert wird und ist Projektpartner mehrerer Ministerien.

In unterschiedlichsten Projekten geht es um Ermutigung und Bestärkung von Mädchen und Frauen: vom »Back to life«-Projekt, das sich um Frauen kümmert, die der IS-Gefangenschaft entkommen sind, über die »School Talks«, in denen in Schulen über den Völkermord an den Jesiden gesprochen wird, bis hin zu »Scoring Girls«, einem Projekt, das Mädchen aus Flüchtlingsfamilien und benachteiligten Familien zum Fußballspielen ermutigt. Projektleiterin der »Scoring Girls« ist Düzens Schwester Tuğba, ihres Zeichens Profifußballerin beim 1. FC Köln. Düzen ist also nicht die einzige Vatertochter in der Familie.

»Hawar.help« ist heute nur eines der vielen Projekte von Düzen Tekkal. Die 42-Jährige arbeitet weiterhin als Journalistin, Buchautorin und Menschenrechtsaktivistin, die sich nicht nur für die Rechte der Jesiden einsetzt. Sie setzt ihre Stimme generell laut und vernehmlich ein im Kampf gegen die »bösen Zwillinge des Extremismus«: den Rechtsextremismus und den Islamismus. Und sie engagiert sich in der CDU.

Doch wie ist es eigentlich dazu gekommen, dass es ausgerechnet Düzen und ihr Vater waren, die sich auf diese Reise begaben, und nicht eines der insgesamt zehn anderen Kinder der Familie? »Düzen war schon immer bei allem dabei, sie wollte als Kind einfach alles wissen«, erzählt Seyhmus. Düzens Vater, der in den 1960er-Jahren aus der Türkei nach Deutschland kam, war in der neuen Heimatstadt Hannover politisch aktiv geworden und in die SPD eingetreten. Er nahm seine vierjährige Tochter regelmäßig mit in den niedersächsischen Landtag. Dort erklärte er dem Mädchen, »welchen Schatz wir durch die parlamentarische Demokratie haben – und dass die Werte jeden Tag neu verteidigt werden müssen«.

Der Vater in der SPD, die Tochter CDU-nah. Wie geht das? »Die SPD hat die Elterngeneration abgeholt. Meine Karriere basiert auf einer damals von der SPD geführten Politik von Chancengleichheit und Teilhabe«, sagt Düzen. »Aber die Partei hat es nicht geschafft, die zweite und dritte Generation mitzunehmen. In meiner Wahrnehmung stand der Kulturrelativismus immer mehr über den Frauenrechten und den individuellen Freiheitsrechten – und das war mir dann irgendwann zu ideologisch, deshalb habe ich Abstand genommen.«

Bei traditionellen Jesiden bleiben Mädchen eigentlich im Haus. Nicht so die siebenjährige Düzen, sie ging mit dem Vater in den von ihm gegründeten ersten jesidischen Verein, setzte sich in die Ecke und hörte ganz genau zu. »Sie las alle Zeitungen, deutsche, türkische, kurdische«, erinnert sich der Vater. Düzen lacht. »Obwohl ich vier Brüder habe, hat Papa immer gesagt: ›Du bist wie ein Sohn für mich.‹« Und so saß die Tochter beim Essen selbstverständlich mit am Männertisch.

Klar, dass das in der traditionellen jesidischen Gemeinschaft, in der es für Männer und Frauen feste Rollen gibt, nicht so glatt durchging. Aber Seyhmus, der seine starke Mutter gewöhnt war – »die hatte ein Gewehr und ließ sich von niemandem einschüchtern« –, ließ Düzen gewähren.

Selbst als die Tochter nach dem Abitur Politik und Literaturwissenschaft studieren wollte und das auch noch in einer anderen Stadt, war der Vater auf ihrer

Seite. Aber da fingen die Probleme an. Plötzlich mischten sich seine Brüder ein. »Eine Frau muss nicht studieren, sie heiratet und bekommt Kinder. So ist das bei uns Jesiden!« Vater und Tochter gerieten unter Druck. Auch außerhalb der Familie mehrten sich die kritischen Stimmen in der jesidischen Community. Nur gab es für das Mädchen da schon kein Zurück mehr. Es war einfach zu stark geworden. »Ich habe alles auf den Kopf gestellt und den Bruch riskiert. Ich habe die Familie vor die Wahl gestellt: ›Wenn ihr so weiter macht, muss ich gehen.‹« Die Tekkals lenkten ein.

Nur einmal gab es zwischen der eher traditionellen Mutter und der Tochter noch Streit. Da hatte Düzen kritisch über Zwangsverheiratungen und Ehrenmorde in der jesidischen Gemeinschaft berichtet. »Für mich stehen die Frauenrechte über der Kultur«, sagt sie selbstbewusst. »Und außerdem gab es in unserer Kultur auch immer die anderen Frauen. Wie meine starke Großmutter. Sie ist 107 geworden. Ich denke oft an sie, wenn ich neuen Mut brauche. Das sind meine Wurzeln.«

Mit ihrem Kampf ebnete Düzen nicht nur ihren sechs Schwestern den Weg, auch die Eltern emanzipierten sich. Und gemeinsam veränderten Düzen und ihr Vater nicht nur das Gefüge der eigenen Familie, sondern wirkten auch hinein in die konservative jesidische Gemeinschaft. »Mein Vater sagt heute ganz offen: ›Ich bin Feminist‹«, sagt Düzen und strahlt ihren Vater an. Der nickt. »Ich bin Mediator für Jesiden und Türken. Und wenn es zu Streit kommt, achte ich darauf, dass auch die Frau zu ihrem Recht kommt.«

Die Tekkals sind heute ein Vorbild für viele Jesidinnen und Jesiden. Denn sie zeigen, dass sich Moderne und Tradition miteinander verbinden lassen. Sie zeigen, dass ein Ankommen in der deutschen Gesellschaft nicht die Aufgabe der eigenen Geschichte bedeuten muss. »Ich bin dankbar, dass ich beides bekommen habe: meine Familie und meine Freiheit«, sagt Düzen.

Von Düzens Büro fahren wir zum Mauerweg. Da wo früher die unüberwindbare Mauer im Brachland zwischen Ost und West stand, sind heute die Schaltstellen der Macht: Parlamentsgebäude und der Reichstag, dazwischen fließt die Spree. Nach der letzten Bundestagswahl wurde Düzen Tekkal schon mal als potenzielle Staatsministerin für Integration gehandelt. Wird ihr Weg sie in die Politik führen? Der Himmel ist blau und weit und alles scheint möglich. »Mein Vater hat immer nach den Sternen gegriffen. Und das tue ich auch.«

> Für ihren persönlichen Kampf, als Frau zu studieren, zu arbeiten und frei zu sein, hat Düzen Tekkal auch den Bruch mit der eigenen Familie riskiert: »Für mich stehen die Frauenrechte über der Kultur.«

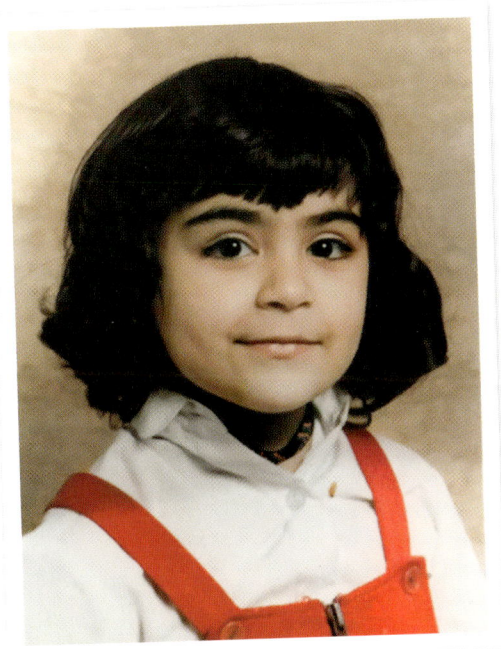

Düzen Tekkal hat sich aus der engen traditionellen Rolle als jesidische Frau befreit. »Sie war schon immer bei allem dabei, sie wollte als Kind einfach alles wissen«, bestätigt ihr Vater.

MARTINA & PETER

DIE KOMPLIZEN

»Er hat immer an mich geglaubt. Er hat mich unterstützt mit einer Sicherheit, die mich dann auch sicher gemacht hat.«

»Er war immer der Optimist. Er hat immer Wege gezeigt, wie sich ein Problem lösen lässt«, sagt Martina über ihren Vater.

MARTINA & PETER   DIE KOMPLIZEN

MARTINA & PETER DIE KOMPLIZEN

Wir treffen uns in Heppenheim an der Bergstraße, wo der Vater wohnt. Tochter Martina Gebhard ist an diesem Morgen aus Lübeck angereist. »Ich bin Jahrgang 1965, das war in der Zeit noch nicht üblich, dass Väter sich um die Erziehung und den Haushalt kümmern«, hatte sie mir vorher geschrieben. Und nun stehen die beiden auf Gleis 2, um auch mich abzuholen. Martina, eine gestandene und in sich ruhende Frau, und ihr 82-jähriger Vater Peter Cecetka, mit einer liebenswürdigen und fröhlichen Ausstrahlung. Die Sonne strahlt und wir fahren mit dem Auto gleich weiter, hinauf in die Weinberge. Traktoren mit vollbeladenen Anhängern kommen uns entgegen, die Trauben werden geerntet. Oben angekommen, setzen wir uns ganz idyllisch auf eine Mauer am Fuße der Weinberge.

Martina, warum bezeichnest du dich als Vatertochter?

Martina: Weil mein Vater immer an mich geglaubt hat. Es war nie eine Frage, ob ich das schaffe, was ich mir vornehme. Er hat mich immer unterstützt und gesagt: »Ja, das schaffst du!« Mit einer Sicherheit, die mich dann auch sicher gemacht hat. Er hat mir Optimismus gegeben. Ich habe die Grundhaltung mitbekommen: Es wird alles gut.

Und wie hat er das gemacht?

Martina: Indem er es vorgelebt hat. Wenn es mal schwierig wurde, hat er auch meiner Mutter immer Hoffnung gegeben. Während sie manchmal eher pessimistisch war, war er immer der Optimist. Er hat immer Wege gezeigt, wie sich ein Problem lösen lässt.

Wie lief das denn praktisch bei euch zu Hause ab?

Martina: Mein Vater war Vermessungsingenieur und hatte geregelte Arbeitszeiten. Er kam gegen 16 Uhr nach Hause …

Peter: … da musst ich mir erst mal wieder meine laute Stimme abgewöhnen. Ich war ja Messtruppführer, und die Kollegen mussten das machen, was ich sagte. Oft standen die 30 Meter entfernt, da hatte man sich angewöhnt zu brüllen.

Martina: Wir haben dann immer gesagt: »Papa, schrei nicht so laut.« Er kam also immer um 16 Uhr nach Hause und »übernahm« dann die Kinder. Erst nur mich, ab 1968 dann auch meine Schwester und meinen Bruder.

Das war ja in den 1960er-Jahren noch nicht üblich.

Martina: Nö, gar nicht. Bei meiner besten Freundin musste ich gehen, wenn der Vater nach Hause kam, weil der »seine Ruhe« brauchte. Mein Vater hat uns immer eingebunden in seine Aktivitäten. Er hat auch nie einen Unterschied zwischen meinem Bruder und uns Mädchen gemacht.

Wieso haben Sie das so gemacht, Peter?

Peter: Ich hatte selbst einen autoritären Vater. Und wollte es anders machen.

Und was habt ihr dann miteinander gemacht?

Martina: Papa war ein großartiger Geschichtenerzähler. Zum Beispiel hat er uns erzählt, wie er als Unterwassermelonenpflücker und Seekuhmelker gearbeitet hat. Ich habe noch lange an diese Geschichten geglaubt. Und: Er hat mit mir Mathe gepaukt. Mein Mathematiklehrer war nämlich der Meinung, dass Mädchen kein Mathe brauchen, weil sie eh nur zum Heiraten da seien. Das hat mich zutiefst verunsichert. Mein Vater hat mich spüren lassen: Du kannst das. Und siehe da: Ich konnte es.

Und eure Mutter?

Martina: Sie war Leistungsturnerin und ist dann in den Vorstand von einem Verein gegangen. Da musste sie oft am Wochenende weg. Das war eigentlich ganz schön (lacht). Irgendwie lockerer. Es gab immer Miracoli, wir konnten länger aufbleiben, die Gutenachtgeschichten wurden länger.

Peter: Es war ein bisschen entspannter.

Martina: Und die Mama kam auch entspannter zurück. Das ist etwas, was ich verinnerlicht habe. Dass man sich gegenseitig Freiraum lassen muss.

War deine Mutter auch berufstätig?

Martina: Als wir klein waren, nicht. Aber später, als sie wieder als Arzthelferin arbeiten wollte, haben wir uns alle zusammengesetzt und beratschlagt, wie das gehen kann. Es war klar, dass dann jeder in der Familie mit anpacken muss.

Kamen da auch manchmal Reaktionen von außen?

Martina: Ja, von den Omas. Die haben öfter gemault, da hieß es dann: »Der arme Peter, unter der Woche arbeitet er und am Wochenende hat er noch die Kinder.« Wenn die Omas da waren, brauchte mein Bruder auch nicht abzuwaschen.

Peter: Der hat sich dann natürlich einen gefeixt. Bei uns gab es ja so was nicht. Jeder war mal dran.

Und als du flügge wurdest?

Martina: Mein Vater hat mich eigentlich immer in meiner Selbstständigkeit unterstützt. Ich durfte ein Mofa haben, Sport machen. Er hat mir aber auch abends gesagt, wann ich nach Hause zu kommen habe. Ich habe das zwar genervt befolgt, aber in Wahrheit fand ich das schön. Ich fühlte ich mich aufgehoben.

Und als du ausgezogen bist?

Martina: Er hat mir schweren Herzens geholfen, eine Wohnung zu finden, und mir bei meinem ersten Mietvertrag beigestanden. Er ist immer mein Ratgeber geblieben. Auch später, als mein Ex-Mann die Praxiskonten geleert hat. Da hat mich mein Vater beraten, wie ich mit den Banken verhandeln musste. Und ich habe es geschafft, die Banken zu überzeugen.

Und was hat der Vater von seiner Tochter gelernt?

Peter: Von meiner Tochter habe ich gelernt, dass man das, was man angefangen hat, auch zu Ende bringen muss. Ich bin zum Beispiel unglaublich stolz darauf, was meine Tochter beruflich geschafft hat. Sie hat noch mal ganz von vorne angefangen, auf dem Abendgymnasium das Abitur nachgemacht und eine zweite Ausbildung zur Ergotherapeutin gemacht. Jetzt ist sie Therapeutin für Kinder mit Autismus. So etwas hätte ich nie geschafft.

Was habt ihr gemeinsam?

Martina: Wir haben auch einen ganz ähnlichen Humor, der bei den anderen in der Familie manchmal nicht so gut ankommt. Wir brauchen uns nur anzusehen und dann geht's schon los. Dann müssen wir aufpassen, dass wir uns bremsen.

Peter: (lacht) Wohl wahr.

Zum Beispiel?

Martina: Wir können andere gut auf die Schippe nehmen. Aber auch uns selbst.

Peter: Ja, da hast du recht. Das gefällt mir besonders gut an dir, dass du auch über dich selbst lachen kannst.

Martina: Und wir wandern beide nicht gern.

Beide: (stöhnen) Odenwald.

Peter: Nee. Da waren wir zwei immer froh, wenn wir in der Kneipe angekommen sind. Das Ziel war glücklicherweise von Anfang an da.

Und was sind die größten Unterschiede zwischen euch?

Martina: Du bist manchmal sturer, ich bin offener und experimentierfreudiger. Deswegen sind wir uns

MARTINA & PETER DIE KOMPLIZEN

früher auch so in die Haare geraten. Mit meinem Bruder war es allerdings noch schlimmer. Da ist nicht so ein Luftzug wie zwischen Vater und Tochter.

Gibt es eurer Meinung nach Dinge zwischen Vätern und Töchtern, die es zwischen Müttern und Töchtern nicht gibt?

Martina: Ich bin ja selbst Mutter von zwei Töchtern. Ich denke, dass Mütter eher behüten, während Väter vorantreiben.

Peter: Fördern und Fordern.

Martina: Wenn wir im Felsenmeer schwimmen waren, war Mama eher ängstlich. Aber Du hast immer gesagt: »Komm mit, auf zum nächsten Felsen.«

Peter: Das stimmt. Und ich sehe es heute noch deutlicher als früher: Man muss seine Kinder fördern, aber dann auch loslassen können.

»Wir haben auch einen ganz ähnlichen Humor, der bei den anderen in der Familie manchmal nicht so gut ankommt. Wir brauchen uns nur anzusehen und dann geht's schon los. Dann müssen wir aufpassen, dass wir uns bremsen«, sagt Martina.

DANIELLE & PETER

FEUER UND EISEN

»Diejenigen, die sagen, das ist nichts für eine Frau, die kennen sich nicht aus.«

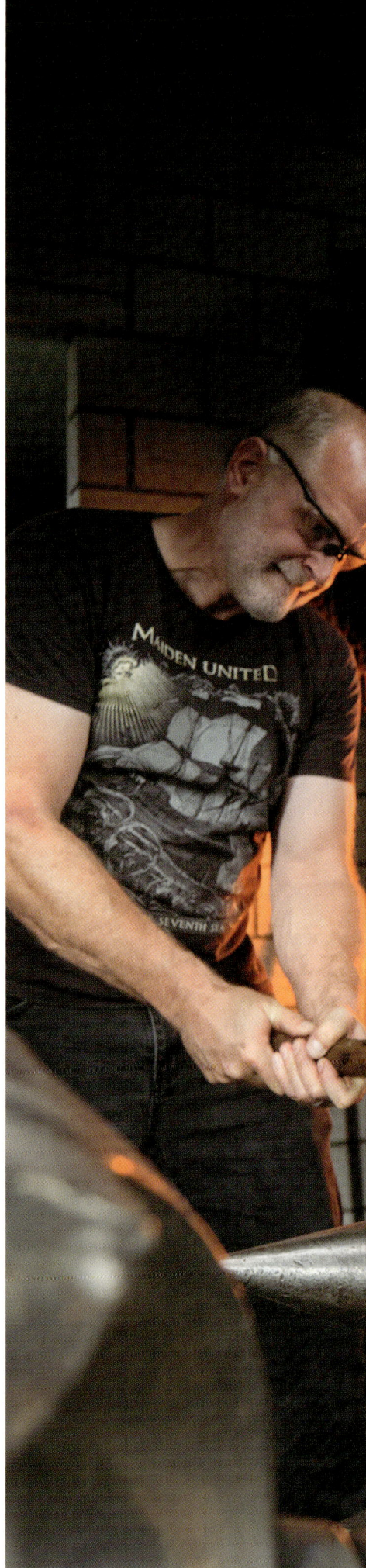

Der Hammer knallt mit Wucht auf das glühende Eisen. Klongklongklong. Wie ein Metronom, wie ein Taktgeber durchmisst er die Zeit. Klongklongklong. Dieser Ton hat die ganze Menschheitsgeschichte begleitet. Seit etwa 10 000 Jahren. Kupfer, Bronze, Eisen. Metalle veränderten die Geschichte des Menschen so tiefgreifend, dass ganze Epochen nach ihnen benannt wurden.

Ötzi, die mit 5300 Jahren älteste bekannte Gletschermumie, trug noch ein Beil aus Kupfer bei sich. Etwa 2000 Jahre später läuteten Schmiede am anderen Ende der Welt, in Vorderasien, die Bronzezeit ein. Sie versetzten Kupfer zunächst mit Arsen, später mit Zinn und erfanden mit dieser Legierung ein härteres und widerstandsfähigeres Material: die Bronze. Weitere 600 Jahre später, um 1400 vor Christus, entdeckte das Volk der Hethiter im Gebiet der heutigen Türkei die Eisengewinnung aus Erz.

Mit Metall wurden Kriege geführt, Kultzeremonien abgehalten, Reichtum und Macht manifestiert. Die Legierung des Werkstoffes konnte über Sieg oder Niederlage entscheiden, die Kenntnisse über die Komponenten wurden streng gehütet. Das Geheimnis kannte allein der Schmied. In der griechischen Mythologie ist er göttlich: Hephaistos, Sohn des Zeus und der Hera. Der Gott des Feuers und der Schmiedekunst ist

DANIELLE & PETER FEUER UND EISEN

im Olymp zuständig für die Herstellung der Kult- und Gebrauchsgegenstände sowie für die Anfertigung der Waffen. Auf der ganzen Welt und durch die Jahrtausende hindurch ist der Schmied in der Mythologie, Religion und in Märchen eine zentrale Figur. Er besitzt eine magische Bedeutung, eine Gestalt zwischen Himmel und Hölle, Herr über Leben und Tod.

Klongklongklong. Hier schlägt die Schmiedin, Danielle Andraschko, 24 Jahre alt. Hinter ihr lodert das Feuer, vor ihr steht der Amboss. Die schmale, durchtrainierte Frau hat ihr blondes, langes Haar zurückgebunden. Zum Schutz ihrer Augen trägt sie eine große Brille aus feuerfestem Plastik. Danielle hält ein Stück glühendes Metall mit einer Zange fest und bearbeitet es mit dem Hammer. Den hat sie selbst geschmiedet, er muss genau die Länge ihres Unterarmes haben, damit sich gut arbeiten lässt.

Wir stehen in der Wickli-Schmiede im Toggenburg, einer Region in der Ostschweiz. Von außen ein moderner Holzbau mit großen Fenstern, von innen eine Schmiede – mit Werkzeugen, die sich durch die Jahrhunderte kaum verändert haben: Schmiedezangen in allen Größen, Hämmer, Greifwerkzeuge, Haken. Wären da nicht die modernen elektrischen Geräte wie Schweißgeräte, Krafthammer und Friktionspresse, könnte man auch bei einem Wagen- oder Hufschmied in irgendeiner Vorzeit sein.

Vor vier Jahren hat Danielle hier ihre Lehre angefangen, und sie ist nun die erste Schmiedin im Betrieb – oder Metallbauerin, Fachrichtung Schmiedearbeiten, wie es jetzt bürokratisch heißt. Vielleicht war es ja diese andere Frau in der Region, die Danielle den Weg geebnet hat und ihr das skeptische Stirnrunzeln der männlichen Schmiede erspart hat. Eveline Kesseli heißt sie, und sie erkämpfte sich als erste Schweizerin eine Lehrstelle bei einem Schmied. Dafür, dass er sie annahm, musste Eveline eine drei Monate längere Probezeit als üblich absolvieren. 2002 schloss die heute 40-Jährige ihre Lehre ab und besitzt seit einigen Jahren eine eigene Schmiedewerkstatt im Toggenburg, ganz in der Nähe.

In Deutschland war Edda Sandstede die Frau mit dem Flammenschwert. Sie reiste zunächst durch Deutschland, Italien, Österreich und die Schweiz, aber es fand sich 1962 kein Schmied, der bereit war, eine Frau auszubilden. Also absolvierte sie die Lehre bei ihrem Vater. Mit ihrem Gesellenstück wurde sie Bundessiegerin, schließlich Meisterin. Ihr Leben lang führte Edda Sandstede nicht nur den väterlichen Betrieb in Oldenburg weiter, sondern expandierte zusätzlich mit drei Geschäften. Erst 2018 ging die erste deutsche Schmiedin in den Ruhestand.

Danielle Andraschko hat nicht mehr mit solchen Schwierigkeiten zu kämpfen. Doch auch bei ihr haben manche Freunde zunächst skeptisch reagiert. Weiß sie wirklich, worauf sie sich da einlässt? Zieht sie das echt durch? Es hat sich im Laufe der Jahre gelegt. Und auch mit den Kollegen läuft es gut. »Es kommt heute selten vor, dass jemand negativ auf mich als Frau reagiert«, sagt Danielle. »Ich bin zwar auf der Baustelle oft die einzige Frau, aber mit meinen Handwerkskollegen habe ich überhaupt keine Probleme. Menschen mit einem handwerklichen Beruf wissen, was es dafür braucht. Und dass es keinen Unterschied macht, ob das von einem Mann oder von einer Frau ausgeübt wird.« Und sie fügt selbstbewusst hinzu: »Diejenigen, die sagen, das ist nichts für eine Frau, die kennen sich nicht aus.«

Danielles Vater Peter ist eingetroffen. Er ist für unser Treffen extra aus Solothurn gekommen, eine

vierstündige Reise mit fünfmaligem Umsteigen. Wenn man die Rolle des Schmiedes zu besetzen hätte, würde man ohne zu zögern diesen großen, trainierten 54-Jährigen nehmen, der aber Fernmeldetechniker und Ingenieur ist. Gleich wollen die beiden zusammen etwas schmieden, denn dass Danielle diesen Beruf ergriffen hat, hat viel mit dem Vater zu tun.

Sie ist das, was man als waschechte Vatertochter bezeichnen würde. Und das fing schon früh an. Es war die fünfjährige Danielle und nicht ihr Bruder Silvan, die mit dem Vater werkelte. »Bei einem älteren Sohn und einer jüngeren Tochter, da hat man als Vater zunächst die Vorstellung, dass der Sohn da mal mitmacht«, sagt Peter und lacht. »Aber Silvan war nicht so geschickt wie seine Schwester. Dani war einfach schon immer gut, von Anfang an.« So gut, dass ihr Bruder in der Grundschule bei seinen Freunden mit seiner eineinhalb Jahre jüngeren Schwester angibt: »Meine Schwester, die kann einen Bleistiftstrich ausschneiden.«

Aber es ist nicht nur das Handwerkliche. Generell macht der Papa einfach immer die cooleren Sachen, findet Danielle. Fechten. Davon erzählt Peter so spannend, dass Danielle es auch lernen will. Sie ficht vier Jahre lang. Dann Gleitschirmfliegen. »Das Fliegen mit dem Schirm ist einfach unglaublich!«, Peters Augen

DANIELLE & PETER FEUER UND EISEN

leuchten noch heute. »Du gleitest über die Landschaft, unter dir fliegen Reiher und Kraniche.« Man kann sich gut vorstellen, warum Danielle nach diesen Erzählungen einen Gleitschirmkurs gemacht hat.

Aber das mit dem Schmieden, das passierte vorher. Da war die Tochter zehn Jahre alt. Vater Peter belegt in den Ferien einen Schmiedekurs. Eine Woche lang erzählte er vom Arbeiten mit Metall, vom Amboss, vom Feuer. Er zeigte Danielle Fotos von der Schmiede und den Dingen, die sie herstellen. »Von da an war es klar, dass ich Schmiedin werde«, erklärt die Tochter fest.

Und bei diesem frühen Entschluss ist es die ganzen Jahre über tatsächlich geblieben. Nur einmal, für einen kurzen Moment, denkt Danielle: Vielleicht doch Goldschmiedin? »Ich habe es mir angesehen, einen halben Tag habe ich poliert. Ich fand es unglaublich langweilig. Das war mehr Bastelarbeit, aber ich wollte richtig mit dem Material arbeiten.« Einen Ferienkurs und ein paar Praktika später kommt endlich die Matura. In der Schweiz liefert man zum Abitur auch eine praktische Arbeit ab. Danielle schmiedet in der Werkstatt eines Bekannten ein ganzes Geländer. Während der begleitenden Dokumentation findet sie etwas Überraschendes heraus: Ihre Urgroßeltern hatten eine Schmiedemanufaktur im Sudetenland, die Hübner-Schmiede mit achtzig Angestellten. »Vielleicht liegt es ja doch im Blut«, sagt sie lachend.

So im Blut wie die Ähnlichkeiten mit Vater und Mutter. »Äußerlich sehe ich genau aus wie meine Mama«, sagt Danielle, »aber innerlich gleiche ich meinem Papa. Bei meinem Bruder ist es genau umgekehrt, er sieht Papa ähnlich, aber vom Charakter her ist er viel näher an meiner Mutter.« Bruder und Mutter sind die Kommunikativen, die sozial Kompetenten. Diejenigen, die bei Konflikten die Dinge ansprechen. Diejenigen, die die Familien-WhatsApp-Gruppe am Laufen halten. Diejenigen, die aufschreien, wenn sie sich in den Finger schneiden.

Vater und Tochter drücken sich eher vor Konflikten und machen die Dinge erst mal mit sich selbst aus. Sie verschicken nur ungern Zwinkersmileys. Sie hauen sich mit dem Hammer auf die Hand und sagen: Tut gar nicht weh. Sie fahren beim Ski keine eleganten Kurven, sondern fetzen die Piste hinunter. Und wenn sie einmal bei etwas zugeschaut haben, dann sagen sie: Das kann ich auch. »Manchmal fällt man allerdings auf die Nase und muss einsehen, so einfach ist das doch nicht«, sagt Peter. »Genau«, lacht Danielle. Aber es kratzt nicht an ihrem Selbstbewusstsein. »Wäre ich der Junge und mein Bruder das Mädchen, dann würde man sagen, das ist typisch Junge, typisch Mädchen«, sagt Danielle.

Jetzt geht es aber endlich mit dem Schmieden los. Peter greift sich den Vorschlaghammer. Danielle dreht das Feuer hoch. Sie hält ein kleines Stück Eisen hinein. Dann hebt sie das glühende Stück heraus und legt es auf den Amboss. Eine Rose wollen sie zusammen schmieden. Peter ist hier fürs Grobe zuständig, Danielle formt mit ihrem Hammer die Rundung. Die nächste Stunde sind die beiden beschäftigt. Es sieht anstrengend aus und schweißtreibend. Und das ist es auch.

»Innerlich gleiche ich meinem Papa«, meint Danielle. Sie sind nicht zimperlich, sie fetzen die Piste hinunter... Und wenn sie einmal bei etwas zugeschaut haben, sagen sie: Das kann ich auch.

»Menschen mit einem handwerklichen Beruf wissen, was es dafür braucht«, sagt Danielle, »und dass es keinen Unterschied macht, ob Mann oder Frau.«

Was genau liebt Danielle so an ihrem Beruf? »Man steckt so viel von sich selbst hinein«, sagt sie. »Es braucht viel von mir, dass es so wird, wie es werden soll.« Das leuchtet ein, denn der ganze Mensch ist beim Schmieden beteiligt. Es erfordert körperliche Kraft und Geschicklichkeit, große Aufmerksamkeit und schnelle Entscheidungen, solange das Material heiß und formbar ist. Es erfordert genaues Hinsehen und einen Blick für die stimmige Form. Und es ist Präzisionsarbeit. Ein handgeschmiedetes Geländer soll nicht nur schön und funktional sein, sondern muss auch in den Maßen stimmen. Eine Kombination aus Konstruktion und Kreation.

Und Danielle hat Glück: Das Handwerk ist im Aufwind, individuell Geschmiedetes ist gefragt. Die Auftragsbücher der Schmiede sind voll. Spätestens seit dem Brand von Notre Dame in Paris merkt man, wie wichtig es ist, dass die alten Techniken weiterhin lebendig bleiben.

»Es ist wirklich genau das, was ich machen will«, sagt Danielle in einer kurzen Verschnaufpause, hinter ihr lodert das Feuer. Wie hieß das noch? Ach ja: Jede ist ihres Glückes Schmiedin. Und dann geht es weiter. Klongklongklong. Die Schmiedin schlägt mit Wucht auf das Metall. Da ist er wieder, der Urton. Er hat die ganze Menschheitsgeschichte begleitet. Und jetzt ist er in der Moderne angekommen. Von hier wird er weitergetragen, von Danielle und den anderen Schmieden. Und Schmiedinnen.

JANINA & TORSTEN

DIE ZWEI

»Von ihm habe ich gelernt, dass man nicht aufgeben soll. Wenn man dranbleibt, kriegt man irgendwann den ersten Platz.«

JANINA & TORSTEN DIE ZWEI

Die drei stehen an der Haustür. »Ich bin Janina«, sagt Janina zur Begrüßung. »Und ich die Schwester Anika«, sagt Anika. »Und ich die dritte Schwester«, flötet der sportliche Mann hinter den beiden jungen Frauen. »Jetzt fragt sich nur, wo der Vater ist«, setzt er lachend hinzu.

Dreimal schon sollte der Termin mit Vater Paule und Tochter Janina stattfinden, dreimal musste er abgesagt werden – Krankheit, Sturm und Corona kamen dazwischen. Und jetzt wird er endlich bei der ersten Gelegenheit nachgeholt. In Fredersdorf, einem kleinen Ort östlich von Berlin. Paule heißt eigentlich Torsten Paulus, aber wird von allen Paule genannt. Er und seine Frau Sabine, die gerade von der Arbeit kommt, sind beide in »systemrelevanten« Berufen, Polizist und Krankenschwester, und zurzeit rund um die Uhr eingespannt.

Jetzt aber ist erst mal Feierabendidylle angesagt. Janinas Freund Lucas ist auch da und alle sitzen zusammen auf der Terrasse. Und schon bin ich mittendrin in etwas, das es fast nicht gibt: einer glücklichen Familie. Mit einem gelassenen, starken Vater, einer selbstbewussten, zugewandten Mutter und mit zwei Töchtern, die dabei sind, ihren Platz im Leben zu finden – Janina ist stärker am Vater orientiert, Anika an der Mutter.

Auf zum Fußballplatz. Hier haben die Töchter zusammen mit anderen Mädchen jahrelang trainiert, mit Paule als Coach. Die Frauenmannschaft im Ort wollte Nachwuchs und der Trainer war krank geworden. »Ich konnte die Mädels doch nicht einfach da stehen lassen«, sagt Paule. »Aus dem Internet habe ich mir also abends nach dem Dienst die Trainingsanleitungen herausgesucht.« Janina steht auch heute, ganz wie damals, im Tor, und Anika und Paule bolzen über den Platz. »Du musst stärker rangehen«, ruft der Vater seiner Tochter zu. »Na los!« Und man ahnt, dass hier jemand auch ganz schön fordernd sein kann.

»Manchmal mussten wir aufpassen, dass wir nicht so superehrgeizig wurden.« Wenn Janina und Anika eine Zwei nach Hause brachten, fragte Paule: »Warum keine Eins?« »Aber von ihm habe ich gelernt, dass man nicht aufgeben soll«, sagt Janina. »Wenn man dranbleibt, kriegt man irgendwann den ersten Platz.« Und Vater Paule ergänzt: »Wir gewinnen gerne. Der zweite Platz ist der erste Verlierer.«

Als Papa in den Gemeinderat von Fredersdorf-Vogelsdorf ging, zog Tochter Janina kurze Zeit später nach. Sie wollte auch mitreden. Es gab den Seniorenbeirat, den Bussebeirat und Bahnenbeirat. Aber nichts für Kinder. Also gründete Janina den ersten Kinder- und Jugendbeirat der Gemeinde. Fortan redeten sie und ihre zehnköpfige Kinder-Crew mit bei Spielplatzgestaltung und Radwegen. Mit den Gemeindeunterlagen bekam Vater Paule dann die von der Tochter unterzeichneten Stellungnahmen vorgelegt.

Eigentlich wollte Janina Polizistin werden, wie der Vater. Doch der riet ab. Zu viele Schichtdienste. Paule musste auf dem Polizeiabschnitt in Berlin sehr viele Streifenwagen- und Wachedienste hin und her schieben, um beim Kasperle, beim Singen, bei Theateraufführungen der Kinder dabei zu sein. »Ich wollte das einfach mitbekommen und mich nicht später fragen lassen: ›Papa, wo warst du denn da?‹«, sagt er. »Aber familienfreundlich ist das nicht.«

Janina bekam bei dem Job ihres Vaters noch etwas anderes mit, was sie nachdenklich machte. Hatten ihr Vater und seine Kollegen endlich einen Gesetzesbrecher geschnappt und vors Gericht gebracht, wurde

Beim Angeln herrscht stilles Einverständnis zwischen Vater Torsten und Tochter Janina. Reden muss man da nicht viel.

der oft von den Richtern wieder laufen gelassen oder von findigen Anwälten rausgehauen. Das widerspricht Janinas Gerechtigkeitsempfinden. »Da gibt es oft eine dicke Ermittlungsakte, in der viel Arbeit drinsteckt und Beweise. Und dann wird die ganze polizeiliche Ermittlungsarbeit einfach so weggewischt«, sagt Janina. Die Tochter von Polizist Paule studiert Jura und möchte später Staatsanwältin oder Richterin werden. »Ich habe beschlossen, auf eine höhere Ebene zu gehen. Da kann ich mehr tun und meinen Papa und seine Kollegen später mal unterstützen.«

Wie ist das für einen gestandenen 49-jährigen Polizisten wie Paule mit zwei Töchtern? Hätte er nicht lieber einen Sohn gehabt? Paule lacht. »Ist ganz egal, was es wird«, hatte er vor 22 Jahren zu seiner schwangeren Frau gesagt. In Wahrheit wünschte sich Paule nichts sehnlicher als ein Mädchen. Doch dann wurde es erst mal dramatisch. Die Geburt von Janina war mit großen Komplikationen verbunden.

Die Ärzte drückten dem ratlosen Vater das frischgeborene Mädchen in den Arm und versuchten, die Mutter zu retten. »Sabine wäre um ein Haar verblutet. Eine ganze Stunde lang haben die um ihr Leben gekämpft«, sagt Paule. Und diese Stunde, Janinas erste Lebensstunde, haben Vater und Tochter zusammen durchgestanden. »Wir haben da vor der Tür gesessen, ich mit Janina im Arm, und wir wussten nicht, was passieren würde. Das hat uns zusammengeschweißt«, sagt Paule und schaut Janina an.

Jetzt sitzen die beiden am Krummen See. Sie sind zum Tagesausklang noch mal angeln gegangen. Die Sonne steht tief, der See liegt ruhig da. Paule sitzt auf einem Baumstamm, Janina auf einem Eimer daneben, jeder mit einer Angel in der Hand. Reden muss man da nicht viel. In einer Stunde fallen vielleicht vier Worte. »Ich hab 'nen Biss«. Das »Hmmm« ist eigentlich schon eins zu viel – keine peinliche Stille, sondern ein stilles Einverständnis.

Mittendrin in einer glücklichen Familie: mit einem gelassenen, starken Vater, einer selbstbewussten, zugewandten Mutter und den zwei Töchtern Janina und Anika, die ihren Platz im Leben finden.

ANA & AUGUST

BÜHNE UND BERGE

»Wir sind beide theatralisch.«

ANA & AUGUST   BÜHNE UND BERGE

Gerade bin ich in Richtung Chiemsee von der Autobahn abgefahren, da staut es sich. Es ist Ferienzeit, und in den Autos sitzen Menschen, die für ein paar Tage dem Corona-Stress entkommen möchten. Jetzt bin ich auf einer kleinen Landstraße unterwegs, rechts und links grüne Wiesen, dahinter die Berge. Wenn man gerade aus Köln kommt, trifft einen der plötzliche Anblick dieser Landschaft mit Wucht. Bayern kann wirklich schön sein.

Als es wirklich nicht mehr zu steigern ist, bin ich da – in Aschau im Priental, am Fuße der Kampenwand. Alte Holzscheunen, Obstbäume und im Hintergrund thront Schloss Hohenaschau. Verabredet bin ich hier mit dem Schauspieler August Zirner und der Autorin und Bergsportlerin Ana Zirner. Vater und Tochter kommen aus verschiedenen Richtungen, sie wohnen beide nur wenige Kilometer entfernt. Wir treffen uns am Hammerbach, einem eiskalten Bergbach, der kurz darauf in die Prien mündet, die das Tal durchquert und im Chiemsee endet. »Hier bin ich früher jeden Morgen reingesprungen«, sagt August zur Begrüßung. »Oh ja, wollen wir das mal eben machen?«, ruft Ana. Und schon bin ich mittendrin in ihren Erinnerungen und ihrem Leben.

Gleich nebenan steht das Haus, in dem die Familie Zirner zehn Jahre lang gewohnt hat, August (65), seine Frau, die Schauspielerin Katalin Zsigmondy, und ihre vier Kinder: Ana (37), Autorin und Bergsportlerin, Aurelia, Geowissenschaftlerin, Johannes, Schauspieler, und Leo, Schauspieler und Musiker. Wir gehen durch den romantisch verwilderten Garten und klopfen an der Tür des alten weißen Bauernhauses. Es ist niemand da. »Vielleicht ist es besser so«, murmelt August und vermutlich hat er recht. Bilder im Kopf, Erinnerungen, Gerüche lassen sich nicht fotografieren.

An was erinnert ihr euch als Erstes, wenn ihr hier seid?

Ana: Mit August im Auto durch die Gegend fahren und Lenny Kravitz hören. Mr. Cab Driver. Das war für mich die große weite Welt zu dieser idyllischen, aber doch engen Welt hier. Ich war sechs oder sieben. Ich verstand noch nicht so viel Englisch und wollte wissen, was sein »Mr. Cab Driver, fuck you, I'm a survivor...« heißt.

August: Und da kam ich dann kurz in Erklärungsnot und hab sowas gesagt wie »du Arsch« (lacht).

Ana: Die USA, das war die Welt da draußen. Schon der Klang der Sprache ... Das US-Amerikanische hat uns auf eine besondere Art verbunden. Und tut es bis heute. Wenn wir zwei zusammen sind, sprechen wir oft Englisch miteinander. Wir können uns im Englischen manchmal klarer ausdrücken. August ist ja da geboren, ich war dann später auf einer amerikanischen Highschool.

Wie ist die Geschichte deiner Familie, August?

August: Mein Vater hat in dem großen Wiener Kaufhaus meiner Großeltern gearbeitet, »Ludwig Zwieback & Bruder«. Sie wurden dann als Juden von den Nazis enteignet und er ist zusammen mit meiner Großmutter 1938 nach Amerika ausgewandert. Dort hat er meine Mutter, die auch aus Wien stammte, kennengelernt. Mein Vater hat immer gesagt: »Durch Hitler bin ich der kaufmännischen Laufbahn entkommen.« Denn jetzt konnte er endlich das machen, was er in Wien nur heimlich getan hatte: Er hat Musik studiert und 1948 eine Opernschule gegründet. Und in dieser Schule war ich ab sechs Kindersopran. Er ist 1970 gestorben, als ich 14 Jahre alt war.

Spielte das Jüdischsein bei euch später eine Rolle?

August: Nein, gar nicht. Ich wusste noch nicht mal, warum meine Eltern emigriert waren. Ja, da war Hitler, scheiße, der war blöd. Das war alles. Ich war ein naiver amerikanischer Knabe. Was da genau los war, habe ich erst erfahren, als ich schon über 20 Jahre in Europa war. Vielleicht wollte ich es auch vorher nicht wissen.

Wie bist du denn wieder nach Österreich und Deutschland gekommen?

August: Ich sollte in den Vietnam-Krieg eingezogen werden. Ich war aber schon als Schüler gegen den Krieg und wollte da auf keinen Fall hin. Also habe ich eine Schule im Ausland gesucht. Meine Mutter hat gesagt: »Da gibt es doch diese Schauspielschule in Wien.« Sie hat mich quasi nach Wien zurückgeschoben.

Und dann?

August: Mit 17 war ich auf der Schauspielschule, ab 19 im Beruf, mit 20 im festen Engagement und mit 23 Vater.

Ana: Mit einer Frau, die acht Jahre älter und bereits eine etablierte Schauspielerin am Theater war.

August: Eine starke, auch intellektuell herausfordernde Frau. Überhaupt bin ich aufgewachsen mit starken Frauen. Wenn ich auf meine Vita zurückschaue, dann sehe ich heute, dass ich überwiegend mit Regisseurinnen gearbeitet habe. Es war für mich nie infrage gestellt, dass eine Frau die gleiche Autorität wie ein Mann haben kann. Und das hatte ja auch in den USA überhaupt keine Rolle gespielt. Erst hier in Deutschland musste ich lernen, dass diese Genderthemen überhaupt ein Problem sind.

»Das Geschlecht war einfach kein Thema bei uns. Es gab nie so Sätze wie: ›Weil du ein Mädchen bist, kannst du das nicht.‹«, erinnert sich Ana.

ANA & AUGUST   BÜHNE UND BERGE

Ana: Davon profitiere ich als Frau total. Das Geschlecht war einfach kein Thema bei uns. Die anderen Mädchen durften abends nicht so lange draußen bleiben – das gab es bei uns überhaupt nicht. Und es gab nie so Sätze wie: »Weil du ein Mädchen bist, kannst du das nicht.« Ich habe das zum ersten Mal zu spüren bekommen, als ich Regie-Professoren hatte, die wollten, dass ihre jungen Studentinnen sie als große Männer bewundern. Da habe ich zum ersten Mal gedacht: Ach so, das hat jetzt mit dem Frausein zu tun …

Du bist ja erst mal in die gleiche Richtung gegangen wie deine Eltern.

Ana: Ja. Ich wollte erst auch Schauspielerin werden und habe relativ früh gemerkt, dass ich das nicht kann. Ich bin immer zu Castings gefahren und bin immer gescheitert.

August: Ana war als Kind oft am Set.

Ana: Aber das Coolste waren für mich nicht die Schauspieler, sondern die muskulösen Jungs mit den schwarzen T-Shirts, dem Klebeband am Gürtel und den Walkie-Talkies, die Techniker. Das waren meine Helden. In meiner Kindheit hatte ich eine Phase, da wollte ich ein Junge sein und Daniel heißen. Ich hatte sogar ein Stirnband, da stand Daniel drauf (lacht).

Du hast in Berlin und an der Folkwang Universität der Künste in Essen Regie studiert. Du hast dann Dokumentarfilme gemacht, Tanz-Theater-Produktionen realisiert, du warst erfolgreiche Kulturmanagerin und Kuratorin von Festivals.

Ana: Ja, das war eine spannende und sehr arbeitsintensive Zeit. Ich habe es genossen, durch meine kreative Arbeit auch politisch aktiv zu sein, und ich habe irre viel gelernt. Aber ich war ziemlich getrieben und habe kaum je eine Pause gemacht. Ich habe mir darin auch gefallen, immer sehr busy und international unterwegs zu sein. Und ich wollte nicht nur unbedingt erfolgreich sein, sondern ich wollte wirklich was erreichen. Dabei ist aber auch manch anderes auf der Strecke geblieben …

Du hast deinen beruflichen Fokus plötzlich ganz in die Berge verlagert. Warum?

Ana: Ich glaube, dass der Erfolgsdruck von zu Hause schon immens war, ohne dass es jemand beabsichtigt hätte. Ich habe mich sehr befreit gefühlt, als ich da ausgestiegen bin. Ich habe eines Sommers einfach das getan, worauf ich Lust hatte: allein die Alpen der Länge nach überqueren. Und dann ist mir vorgeschlagen worden, ein Buch darüber zu schreiben. Jetzt arbeite ich als Bergwanderführerin, mache selbst lange Bergtouren, schreibe Bücher und halte Vorträge. Ich stehe auch auf der Bühne, aber nicht in einer Rolle, sondern mit dem, was ich mache und wer ich selbst bin. Und das macht mich glücklich.

August: Ana ist sehr strukturiert, im Gegensatz zu mir. Und für mich ist sie eine Regisseurin, egal ob sie jetzt noch Theater macht oder nicht. Sie ist so eine unglaublich gute Gesprächspartnerin. Sie sagt immer an den richtigen Stellen: »Du schweifst gerade ab …« Ich erinnere mich noch, als du etwa mit neun Jahren mit mir in Wien bei Proben warst. Der Regisseur Helmut Griem, ein über 60-jähriger alter Macho, ein Linker, der hatte sogar einen linken Zahnarzt, trug immer Jeans und Converse-Schuhe …

Ana: Get to the point …

August: Was? Ach so, ja, get to the point. Also Ana saß bei den Proben und hat was aufgeschrieben. Nach der Probe kam sie zu mir und sagte: »Papa, du hast an der einen Stelle den Stift auf den Schreibtisch geschmissen, das fand ich gut. Aber an der anderen

Stelle habe ich nicht verstanden, warum du das und das gemacht hast.« Und ich merkte schon, dass der Griem so kritisch guckte. Am nächsten Morgen fragt er ganz angespannt: »Was hat deine Tochter dir gesagt?« Und dann: »Kinder und Familie haben auf der Probe nichts zu suchen!«

Ana: Im Nachhinein verstehe ich das, es kann schrecklich für einen Regisseur sein, wenn Außenstehende mitreden.

August: Nein, das sehe ich ganz anders. Es ging generell darum, wie ich mit Familie umgehe. Als ich einen Tag weggefahren bin, um bei Aurelias Geburtstag dabei zu sein, war das ein Riesenproblem. Aber die Geburtstage waren immer Sperrtage für mich, es stand in allen meinen Verträgen. »Zum Kindergeburtstag? Das habe ich ja noch nie gehört«, hat Griem gebrüllt. Das ist die Welt, gegen die ich mit vier Kindern ankämpfen musste.

Ana: Ja, mit den Geburtstagen war August echt konsequent. Wir haben auch Karten per Post gespielt. Er hat uns jeden Tag eine Karte in einem Briefumschlag zugeschickt.

August: Aber wenn Katalin jetzt hier wäre, würde sie natürlich sagen: Der Löwenanteil der Arbeit lag bei mir. Stimmt ja auch, ich war viel unterwegs in der Zeit.

Katalin ist ja auch Schauspielerin. Wie ging das?

August: Das war manchmal schon anstrengend. Ana und Aurelia haben mit einem befreundeten Kindermädchen hier gewohnt, ich war mit Johannes in Wien und Katalin war mit Leo in Stuttgart. Wir hatten zwei Babysitter, drei Wohnungen und haben jeden Monat 1000 Mark minus gemacht.

Ana: Aber insgesamt hat Katalin karrieretechnisch schon sehr zurückgesteckt.

August: Stimmt. Denn ich hatte immer die Ausrede, beim Film kann man mehr Geld verdienen. War ja auch so. Die Theaterleute hatten zwar mehr Renommee, haben aber weniger verdient.

Noch mal zurück zu dir, Ana. Deine Solotouren sind ja nicht ganz ungefährlich. Du hast im Alleingang die Alpen überquert, bist über die Pyrenäen gewandert, bist den Colorado River runtergepaddelt. Und was sagten deine Eltern dazu?

Ana: Meine Geschwister und ich haben das Glück, dass unsere Eltern großes Vertrauen in uns haben. Und sie wissen auch, dass ich auf dem Berg keine unnötigen Risiken eingehe. Ich bin nur in den Pyrenäen mal auf einem Grat in dichten Nebel und Unwetter geraten und musste einen Notruf absetzen. Und hatte nicht bedacht, dass meine Eltern der Notfall-Kontakt sind. Ich habe ihnen zwei Stunden in der Hölle beschert. Da ist mir meine Verantwortung noch mal auf eine neue Art bewusst geworden.

August: Ja, wir haben Vertrauen in unsere Kinder. Aber dieses Vertrauen hat schon einen wahnsinnigen Preis. Weil wir uns natürlich manchmal unglaubliche Sorgen machen. Viel zu viele Sorgen. Wenn die Eltern beide Theaterleute sind, beide Theatraliker, ist das schon schlimm.

In was ähnelt ihr beiden euch?

August: Auch wir zwei sind theatralisch. Und wir haben beide nicht das Gefühl, dass Kunst und Kommerz Gegensätze sein müssen.

Ana: Und wir heulen beide, ohne dass es uns peinlich ist.

August: Wir sind schon sehr nahe am Wasser gebaut.

Ana: Das nervt mich auch manchmal ...

August: Ja, furchtbar ... Ich kann im Kino sitzen und einen Film dramaturgisch auseinandernehmen und blöd finden. Alles ist erwartbar und ich weiß, dass der Hund jetzt gleich eine Krebsdiagnose kriegen wird. Und dann stirbt er und ich weine fürchterlich.

Ana: Und wir haben gemeinsam, dass wir etwas narzisstisch sind. Aber eben auch sehr große Kontraste in uns tragen. Wir haben einerseits ein gesundes Selbstbewusstsein und können ganz schön raumgreifend sein. Und andererseits gibt es Situationen, da braucht man nur zu pusten und wir kippen um.

August: Stimmt.

Ana: Dieser Kontrast ist ... echt anstrengend. Das sehe ich bei dir und ich sehe mich selbst darin.

Ihr arbeitet gerade an einem gemeinsamen Buch. Zu welchem Thema?

Ana: »Wir verkaufen unsere Großmütter«, so hat August es formuliert (lacht).

August: Seit etwa 20 Jahren werde ich darauf angesprochen, dass ich etwas schreiben sollte über meine Großmutter Ella. Das Kaufhaus in Wien, die Enteignung und diese Grande Dame. Eine fortschrittlich denkende, mondäne Wienerin, die viele Liebhaber hatte. Sie brachte die Pariser Mode nach Wien und förderte den Frauenfußballverein. Ich habe immer wieder Anläufe gemacht und habe es dann aufgegeben. Und dann hat Ana plötzlich gesagt, dass sie ein Buch über Laura, also meine Mutter, schreiben will.

Ana: Mich haben ein paar Anekdoten aus ihrem Leben fasziniert. Dass sie in den Dreißigerjahren in New York Modespionin war ... Und ich habe dabei gemerkt, wie wenig ich eigentlich weiß. Kurz gesagt: Ich schreibe über meine Großmutter und August über seine. Und die Geschichten flechten wir dann zusammen.

August: Ana hat eine Struktur gemacht.

Ana: Na ja, ich habe aufgeschrieben, worum es uns geht, und erstens, zweitens, drittens davor geschrieben. Und dann werden wir viel miteinander und über diese beiden Frauen sprechen. Und wohl noch mehr über sie, aber auch über uns selbst erfahren. Das werden sehr intensive Gespräche zwischen uns beiden werden.

ELISA & FRIEDBERT

MEISTERIN UND MEISTER

»Bei Elisa habe ich gleich gesehen:
Die kann das.«

Elisa Singler umrundet ihr Meisterstück: ein glänzendes Stück Kupferdach mit Regenrinne, Rinnenkessel, Gliederbogen und Fallrohr – jedes Teil ist handgefertigt. Es steht noch auf dem Transportanhänger. Elisa und ihr Vater haben es gerade erst von der Prüfungskommission abgeholt. Eine Woche hat sie daran gebaut. Die Prüfung neben dem laufenden Betrieb ihres Vaters zu machen war hart. Die 23-jährige frischgebackene Klempnermeisterin wirkt noch ein bisschen erschöpft. Vater Friedbert, der mit Blaumann und Schnäuzer so aussieht, wie man sich einen soliden deutschen Handwerker vorstellt, steht neben dem Hänger und schaut zufrieden hinauf zu Tochter und Werk.

Elisas Meisterstück ist der erste Gegenstand in der nagelneuen Halle. Das moderne Gebäude ist neben der alten Blechnerei errichtet worden und noch nicht ganz fertig, das Baugerüst steht noch. Aber seit sich abgezeichnet hat, dass Elisa die Ausbildung zur Klempnermeisterin machen wird, ist es klar: Es kann in die Zukunft investiert werden. Der heute 61-jährige Friedbert Singler hat den Betrieb vor 35 Jahren gegründet und seine Tochter Elisa wird ihn fortführen. Die Blechnerei Singler in Allensbach am Bodensee wird auch die nächsten 40 Jahre Blechdächer und Wasserrinnen herstellen, Fassaden, Kamine und Gauben verkleiden.

ELISA & FRIEDBERT MEISTERIN UND MEISTER

Wir gehen hinüber in die alte Werkstatt. Hier wird gearbeitet. Es riecht nach Metall und Farbe, und riesige Blechrollen warten darauf, dass sie gebogen, gehämmert, gefalzt werden. Biegen, Hämmern, Falzen? Hört sich in Zeiten von Baumärkten altmodisch an. Und das ist es auch. Und muss es sein. Denn die Singlers und ihre drei Angestellten arbeiten zunehmend im Denkmalsschutz und müssen fachgerecht alte Bleche restaurieren können. Beim Schloss auf der Insel Mainau zum Beispiel restaurieren sie Regenrinnen, Blechdächer und Giebelabdeckungen. Und gerade setzen sie ein Kirchendach instand. Da darf nichts geschweißt oder gelötet werden, da kommen nur die alten Werkzeuge zum Einsatz. »Das ist so richtig Handarbeit, da muss noch mit dem Hämmerle geklopft werden.«

Auf dem Kirchendach des Klosters Hegne kommt eine uralte Technik zum Einsatz, die schon bei der Hagia Sophia im Jahr 558 angewandt wurde: Die weltberühmte Kuppel des türkischen Bauwerkes bekam man vor 1500 Jahren wasserdicht, indem man die Kanten der einzelnen Bleiplatten per Falztechnik miteinander verband. Erst mit dieser damals neuen Technik konnte man Metall als Dachbedeckung einsetzen, Schindel und Stein wurden abgelöst. Heute machen es Vater und Tochter genauso.

Obwohl die Auftragsbücher übervoll sind, gibt es im Klempner-Gewerk kaum Nachwuchs, in keiner Branche ist der Fachkräftemangel so groß. Friedbert Singler ist bis heute die Freude und Erleichterung anzusehen, dass seine Nachfolge gesichert ist.

Lange sah es so aus, als würde das nicht gelingen, wie in so vielen Handwerksbetrieben. Der älteste Sohn winkte ab, ihm war der Beruf zu hart. Dort oben auf den Dächern hat man mit Kälte, Nässe, Wind oder Hitze zu tun. Und so wurde er lieber Sanitär- und Heizungsinstallateur. Und der zweite Sohn? Vater und Tochter lachen gleichzeitig los. »Der hat zwei linke Hände. Zu dem habe ich gesagt: ›Du gescht auf die Schul, das hätt keine Zweck.‹« Er arbeitet heute in Zürich bei einer großen Unternehmensberatung. Auch Elisas Zwillingsschwester hatte andere Pläne, sie begann ein Studium zur Wirtschaftsingenieurin. Nun wurde es langsam eng für die Blechnerei Singler. »Ich hab niemanden unter Druck gesetzt«, sagt der Vater, »aber eines Tages hat man so gschwätzt und ich hab gefragt: ›Elisa, was wilschte denn jetzt mache?‹«

Elisa hatte schon immer alles im Haushalt repariert. Wenn es Schränke zusammenzubauen gab, dann machte das Elisa. Und auch für das Handwerk ihres Vaters interessierte sie sich. »Ab 13, 14 war ich immer mit meinem Papa in der Werkstatt. Meine Zwillingsschwester hat der Mama im Haushalt geholfen, aber ich habe schnell gemerkt, dass mir das hier viel mehr Spaß macht.« Elisa half bei Engpässen am Samstag aus, der Vater schaute aus den Augenwinkeln zu. »Wenn man das so lange macht wie ich, dann sieht man gleich, ob man aus jemandem was machen kann oder nicht. Ich sehe das schon daran, wie jemand das Werkzeug in die Hand nimmt«, sagt Friedbert und blickt zufrieden zu seiner Tochter hinüber. »Und bei Elisa habe ich gleich gesehen: Die kann das.«

Klempner, Blechner, Spengler, Flaschner. Die Bezeichnungen sind regional verschieden. Aber überall ist es der, der mit dem Blech arbeitet. Und in der Regel ist es ein Der. Der prozentuale Frauenanteil ist bei dem Beruf bis heute im unteren einstelligen Bereich. »Es ist immer noch ein reiner Männerberuf«,

ELISA & FRIEDBERT MEISTERIN UND MEISTER

erklärt Friedbert und fügt nicht ohne Stolz hinzu: »In Baden-Württemberg gab es 62 Lehrlinge. Und Elisa war das einzige Mädle.«

Im Ausbildungsinternat in Ulm hatte das einen großen Vorteil: »Die anderen waren im Vierbettzimmer und ich hatte ein Zimmer für mich allein«, lacht Elisa. Nach zweieinhalb Jahren macht das einzige Mädle den besten Abschluss. Probleme? »Nein«, sagt Elisa entschieden, »die hatte ich überhaupt nicht. Im Gegenteil. Die Jungs haben mir eher geholfen, wenn ich mal wegen meiner Körpergröße irgendwo nicht dran kam.«

Apropos Körpergröße. Elisa ist nicht klein, aber eben nicht 1,80 Meter groß. Spielt das eine Rolle? »Fast nicht«, sagt Friedbert, »auch die Körperkraft nicht, es gibt für alles heute Maschinen.« Nur die Prüfungskommission zeigte sich unflexibel. »Wir hatten angefragt, ob ich das Meisterstück 20 Zentimeter kürzer machen kann, weil ich ja nicht so groß bin. Antwort: ›Nein, das geht nicht.‹«, berichtet Elisa. Die Arbeit wäre vom Aufwand her genau die gleiche gewesen, aber so war sie gezwungen, mit einem Gerüst zu arbeiten. »Das ist bei denen noch nicht angekommen, dass auch Mädle in Zukunft Klempnermeister werden. Da muss man erschtmal was anschmeißen, damit die was Neues denken.« Vater Friedbert lacht.

Wir fahren zum Kloster Hegne, einem Schloss aus dem 16. Jahrhundert. Man sollte schwindelfrei sein, wenn man auf dem Außengerüst um die Kirche nach oben steigt. Es geht die Wände entlang und hoch, immer höher. Man läuft an den großen, bunten Kirchenfenstern vorbei, hinauf aufs Dach. Aber es geht noch höher, immer höher den Kirchturm hinauf. Ich bin ganz und gar nicht schwindelfrei und hefte meinen Blick auf die festen Arbeitsschuhe von Elisa vor mir. Endlich geschafft, wir sind oben. Da ist der Bodensee, davor die grünen Wiesen, da drüben die Schweiz. Ich halte mich an der Kirchturmspitze fest und genieße die Aussicht.

Was für mich ein schwindelerregendes Abenteuer ist, ist für Elisa und ihren Vater ihr ganz normaler Arbeitsplatz. Sie stehen schon mit dem Werkzeug da und begutachten das alte Zinkdach. Es soll so weit wie möglich erhalten bleiben. Eine handwerkliche und technische Herausforderung. Solche Schwierigkeiten zu meistern, das machen Vater und Tochter am liebsten. Wenn sie es richtig machen, wird es das nächste Mal in etwa 150 Jahren erneuert werden müssen.

Es gibt nur eins, was Elisa noch mehr Spaß macht: Fassaden. »Wenn die schön geworden ist, dann sieht das richtig cool aus.« Sie zieht an der Zigarette und schaut in die Landschaft. »Freunden zeig' ich öfter mal Baustellen und sage: ›Das hab ich gemacht.‹ Die können es schon manchmal nicht mehr hören und sagen: ›Mann, Elisa, das wissen wir doch schon.‹«

Der Vater muss jetzt los. Er fährt heute für eine Woche in den Urlaub. Ein neues Gefühl. Die Blechnerei Singler und Tochter läuft auch ohne ihn. Ich bleibe mit Elisa noch ein bisschen hier oben. Irgendwann wird sie den ganzen Betrieb übernehmen. Das wird sie vermutlich allein stemmen müssen. Ihre Freundin, mit der Elisa eines Tages zusammenziehen will, macht etwas ganz anderes: Sie studiert Literatur, Kunst und Medien. »Die wird hier nicht einsteigen«, sagt Elisa und lacht. Aber noch sind ja die Eltern mit im Einsatz. »Meine Mama wird weiter das Büro machen. Und mein Papa schafft es eh nicht, von heute auf morgen nichts mehr zu machen. Wir werden noch lange zusammenarbeiten.«

Heute ist Elisa Klempnermeisterin. Zurzeit ihrer Ausbildung gab es 62 Lehrlinge. »Elisa war das einzige Mädle«, sagt ihr Vater Friedbert stolz.

FRANZISKA & MARTIN

DIE AUSDRUCKS-VOLLEN

»Ich wollte etwas machen,
das nicht ganz weit weg ist von dir,
aber doch etwas Eigenes.«

FRANZISKA & MARTIN DIE AUSDRUCKSVOLLEN

Ich bin eine Stunde früher da und umkreise das Haus. Der Garten führt zum See. Ich werde sie also unten am See fotografieren. Wo steht die Sonne? Ich hoffe, da unten ist Schatten. Es sind 36 Grad. Punkt 16 Uhr klingele ich. Franziska Walser, die älteste Tochter, empfängt mich. Sie ist es, die das Treffen mit Vater und Tochter möglich gemacht hat. Durch das große Wohnzimmer mit den hohen Bücherregalen geht es auf die Terrasse. Dort sitzt Martin Walser, bereit für unser Gespräch. Am Ufer des Bodensees steht tatsächlich eine Bank, im Schatten. Ich begrüße die Schwester Johanna und die Mutter Katharina. Darf ich sie vielleicht nachher alle zusammen fotografieren? »Mal schauen…« Am Ende kommen sie doch hinzu, Schwester und Mutter. Sie haben ihre Zurückhaltung aufgegeben und lächeln mich an. Ich lächle zurück und mache ein Familienfoto. Aber jetzt sitzen die 68-jährige Franziska und ihr 93-jähriger Vater allein auf der Bank am See und werden die nächsten beiden Stunden miteinander reden. Franziska wird mir später schreiben: »Ich habe mit meinem Vater auch noch nie so ein Gespräch gehabt, dazu braucht es eben einen Anlass. Ich habe Dinge erfahren, die mir so nicht bewusst waren, die aber für mich sehr wertvoll sind.«

Martin: Jetzt sitzen wir hier und sprechen miteinander. Und das ist schön. Aber unsere Beziehung zueinander, das soll eigentlich ganz unter uns bleiben. Es hat uns noch nie jemand von außen kritisch beobachtet. Das sind wir beide nicht gewöhnt. Und gleich werden wir auch noch fotografiert. Das lässt du, Franzi, dir gefallen, so wie ich es mir gefallen lasse. Aber vielleicht verzerrt die Veröffentlichung alles… Natürlich möchte ich so sein, wie ich bin. Und möchte mit dir, Franzi, so sprechen, wie ich nur mit dir sprechen kann.

Franziska: Was meinst du?

Martin: Jede Beziehung zu meinen vier Töchtern ist auf ihre Weise speziell und kompliziert. Mit dir, Franzi, kann ich das Problem, das Daseinsproblem, viel leichter besprechen als mit den anderen Töchtern. Du bist gewissermaßen auf gleich, bei dir unterstelle ich, dass du ein Problembewusstsein hast und weißt, wie schwierig das Dasein ist. Das kann ich mit den anderen Töchtern nicht so gut besprechen.

Franziska: Ich hätte es schön gefunden, wenn die anderen Schwestern jetzt auch hier wären. Und ich habe versucht, sie davon zu überzeugen, bei dem Gespräch dabei zu sein.

Martin: Aber sie wollten nicht. Wenn du nicht wärst, dann säße ich jetzt allein hier und wüsste nicht, was ich sagen soll. Da könnte ich nur sagen: Ich habe es alles schon erzählt, erzählt, erzählt. In dem Roman, in dem Roman und in dem Roman.

Franziska: Es ist ihr gutes Recht, nicht zu wollen. Aber wir können nicht über unsere Beziehung sprechen, ohne die anderen mitzudenken. So eine Familie ist ja ein System.

Martin: Ich habe nicht das Gefühl, ich müsse oder könne als Vater gerecht sein mit jeder Tochter. Es kann gut sein, dass ich eine Tochter in einer speziellen Situation nur anschreien kann. Weil sie mir nicht folgt. Du aber greifst immer ein, wenn ich ausfällig werde. Nehmen wir das Beispiel Johanna. Alissa und Teresia sind ja nicht da, da ist es einfach. Du musst zugeben, dass ich von der Johanna nichts verlangen kann, sofort kommst du und sagst: »Lass sie doch!«

Franziska: Ja.

Martin: Auch wenn sie unmöglich ist. »Lass sie doch!«

»Jede Beziehung zu meinen vier Töchtern ist auf ihre Weise speziell und kompliziert«, sagt Martin Walser. »Mit Franziska kann ich das Problem, das Daseinsproblem, viel leichter besprechen als mit den anderen Töchtern.«

»Aus dieser Zeit habe ich vor allem Bilder im Kopf. Ich bin fünf Jahre alt, wir beide sitzen zusammen im Auto. Wir fahren durch die Nacht, es ist heftiges Schneegestöber.«

FRANZISKA & MARTIN DIE AUSDRUCKSVOLLEN

FRANZISKA & MARTIN DIE AUSDRUCKSVOLLEN

Franziska: Ja. Weil es schwer ist, mit seinen Eltern sein ganzes Leben zu verbringen. Johanna lebt ja seit 35 Jahren hier. Und es ist schwer, wenn man gar nicht mehr dazu kommt, zu spüren, was man selbst eigentlich will.

Martin: Findest du es auch richtig, dass sie nicht fotografiert sein will?

Franziska: Vielleicht möchte sie es nachher. Warte doch mal ab. Sie ist natürlich scheu und es ist ihr Recht, sich zu schützen. Ich möchte nicht, dass sie hier einen Befehl ausführen muss.

Martin: Nein, das will ich auch nicht.

Franziska: Ich als Älteste von uns Vieren – Johanna ist ja fünf, Alissa ist acht und Theresia ist 14 Jahre jünger als ich –, ich musste immer Verantwortung übernehmen. Für alles. Das war schwer. Sehr schwer. Es hat mich als Kind überfordert. Aber jetzt, wo ich älter werde, ändern sich die Beziehungen zu meinen Schwestern.

Martin: Sind die kompliziert, die Beziehungen?

Franziska: Lange hatte ich das Gefühl, dass ich wenig Beziehung zu ihnen habe. Ich war keine Schwester, sondern so etwas wie eine Leitstute, die eine Pferdeherde unter Kontrolle bringen muss. Aber jetzt, wo wir uns die Sorge um euch teilen, wachsen wir mehr zusammen. Und das ist schön. Ich möchte nicht mehr die Rolle der Ältesten spielen, die für alles verantwortlich ist. Aber zunächst war ich ja fünf Jahre lang allein, bevor die anderen kamen. Und aus dieser Zeit habe ich vor allem Bilder im Kopf. Ich bin fünf Jahre alt, wir beide sitzen zusammen im Auto. Wir fahren durch die Nacht, es ist heftiges Schneegestöber. Du sitzt am Steuer und ich hinten. Der Schnee wirbelt um uns herum, er fällt aufs Dach, die dichten Flocken tanzen vor der Scheibe. Außen ist Aufruhr, aber innen sind wir sicher.

Martin: Ich erinnere mich an eine andere Autofahrt. Mit dem Michael Pfleghar. Michael ist gefahren, mit seinem tollen Auto, ich vorne rechts und du hast hinten gesessen und ununterbrochen alles kommentiert. Die Fahrweise, die Landschaft. Und dem Michael ist das ziemlich auf die Nerven gegangen und er hat mich angebrüllt, ich solle jetzt endlich dafür sorgen, dass du aufhörst zu quasseln (lacht).

Franziska: Das Sprechen habe ich mir vermutlich bei dir abgeschaut. Ich erinnere mich daran, wie ich auf deinem Bauch gelegen habe, während du Interviews gegeben hast. Ich habe nicht verstanden, was du gesagt hast, ich habe nur deine Stimme gehört. Das war eine schöne Verbindung zwischen uns, ich fühlte mich da geborgen.

Martin: Das war Mitte der 1950er-Jahre …

Franziska: Als ich später in die Schule kam, habe ich dich als sehr ausgesetzt erlebt. Du wurdest so stark angegriffen. Und das hat sich dann manchmal auch auf mich übertragen. Zum Beispiel hat mich nach der Aufführung eines Stücks von dir in Berlin ein Lehrer in der zweiten oder dritten Klasse an der Backe vom Sitz hochgezogen und triumphierend gesagt: »Ah, Buhrufe und Pfiffe für Martin Walser.« Dieses Ausgesetztsein, dieses an den Pranger gestellt werden … Ich habe dich als sehr verletzbar erlebt und auf der anderen Seite dafür bewundert, dass du dich so offen zeigst.

Martin: Ja, das war sicher nicht einfach für euch.

Franziska: Im Englischunterricht hat uns die Lehrerin mal gefragt, was unser Vater beruflich macht. »My father is a playboy«, habe ich gesagt. Da hat sie ganz entsetzt gerufen: »Sag's auf Deutsch.« Und ich habe gesagt: »Schriftsteller.« Ich fand, Playboy klang schön und irgendwie richtig.

Martin: Das ist die beste Übersetzung, die ich je gehört habe.

Franziska: Ich habe dich bestimmt oft genervt, weil ich mit den Hausaufgaben nicht weiterkam. Dreisatz-Aufgaben, das war sehr unerfreulich.

Martin: Da bin ich sicher auch nicht weitergekommen.

Franziska: Nein, bist du nicht.

Martin: Du hast früh Verantwortung übernommen für unser Bild.

Franziska: Für unser Bild?

Martin: Für das Bild der Walser-Familie nach außen.

Franziska: Siehst du das so? Das war mir so gar nicht bewusst. Aber wenn du das jetzt so sagst, dann klingt bei mir sofort etwas an. Ja, auch das war schwer. So etwas entsteht ja unterhalb des Bewusstseins, wie eine stillschweigende Übereinkunft innerhalb der Familie. Darüber spricht man nicht, aber es ist immer da. Wir sind eine Familie, in der es ordentlich kracht. Das hat Nachteile, aber auch Vorteile. Zum Beispiel den, dass es dann die Luft wieder reinigt. In dieser Familie ist sehr viel Dynamik. Und zwar unter allen.

Martin: Da gibt es einfach Probleme. Und wenn etwas nicht geht, dann entsteht Zorn.

Franziska: Eher Verletztheit.

Martin: Auf jeden Fall kann ich mit dir diese Probleme besprechen. Diese sogenannten Probleme sind in einer andauernden Änderung begriffen. Du hast ja auch eine eigene Familie mit dem Edgar Selge. Hast du denn das Gefühl, dass du die Selge-Familie anders vermitteln musst als die Walser-Familie?

Franziska: Das sind ja ganz verschiedene Konstellationen. Edgar ist mein Mann und wir haben Kinder. Aber bei euch, in meiner Ursprungsfamilie, bin ich ja das Kind. Du hast doch auch einen Vater und eine Mutter. Und über die hast du ja auch Auskunft gegeben. Fühlt sich das genauso an wie unsere Familie?

Martin: Jede Familie hat ihre eigene Geschichte. Die Walser-Familie, also die Wasserburger, das ist schon eine … traurige Familie. Als mein Vater starb, war ich noch nicht ganz elf. Und meine Mutter war noch nicht 38. Sie musste sehr kämpfen. Und ich habe andauernd das Bedürfnis gehabt, meiner Mutter das Dasein irgendwie zu erleichtern. Ich hatte keine andere Möglichkeit, als mit diesem Daseinsstoff Ausdruck zu produzieren. Bei mir ist alles Roman geworden. Als ich den Hermann-Hesse-Preis bekommen habe, das waren 10 000 Mark, wahnsinnig viel Geld damals, habe ich das sofort meiner Mutter gegeben. Obwohl ich dieses Geld notwendig hätte brauchen können. Ich wollte ihr beweisen – sie hatte der Schriftstellerei gegenüber eine, sagen wir mal, noble Zurückhaltung – dass ein Schriftsteller auch Geld, Geld, Geld bringen kann. Und dann kam ein Pfarrer, der meine Bücher las, zu meiner Mutter und sagte: »Mit dem Sohn können Sie ganz zufrieden sein.« Das war unheimlich wichtig für sie. Und für mich auch. Diese Anerkennung.

Franziska: Ich wollte auch Anerkennung von dir. Ich wollte von dir bewundert werden, aber auf eine andere Weise. Die drei Schwestern schreiben alle und zwar erfolgreich. Ich wollte auch etwas machen, das nicht ganz weit weg ist von dir, aber ich wollte doch etwas Eigenes machen. Nichts, worauf du so einen großen Einfluss haben kannst. Als Schauspielerin arbeite ich auch mit Sprache, aber auf einer anderen Ebene und in einer anderen Domäne. Das hat mich gestärkt. Und auch befreit.

Martin: Ich habe dich gerade im Fernsehen gesehen und du hast mich sehr beeindruckt, ohne dass ich immer alles kapiert habe.

FRANZISKA & MARTIN   DIE AUSDRUCKSVOLLEN

»Ich erinnere mich daran, wie ich auf seinem Bauch gelegen habe, während er Interviews gegeben hat«, sagt Franziska Walser, »das war eine schöne Verbindung zwischen uns, ich fühlte mich da geborgen.«

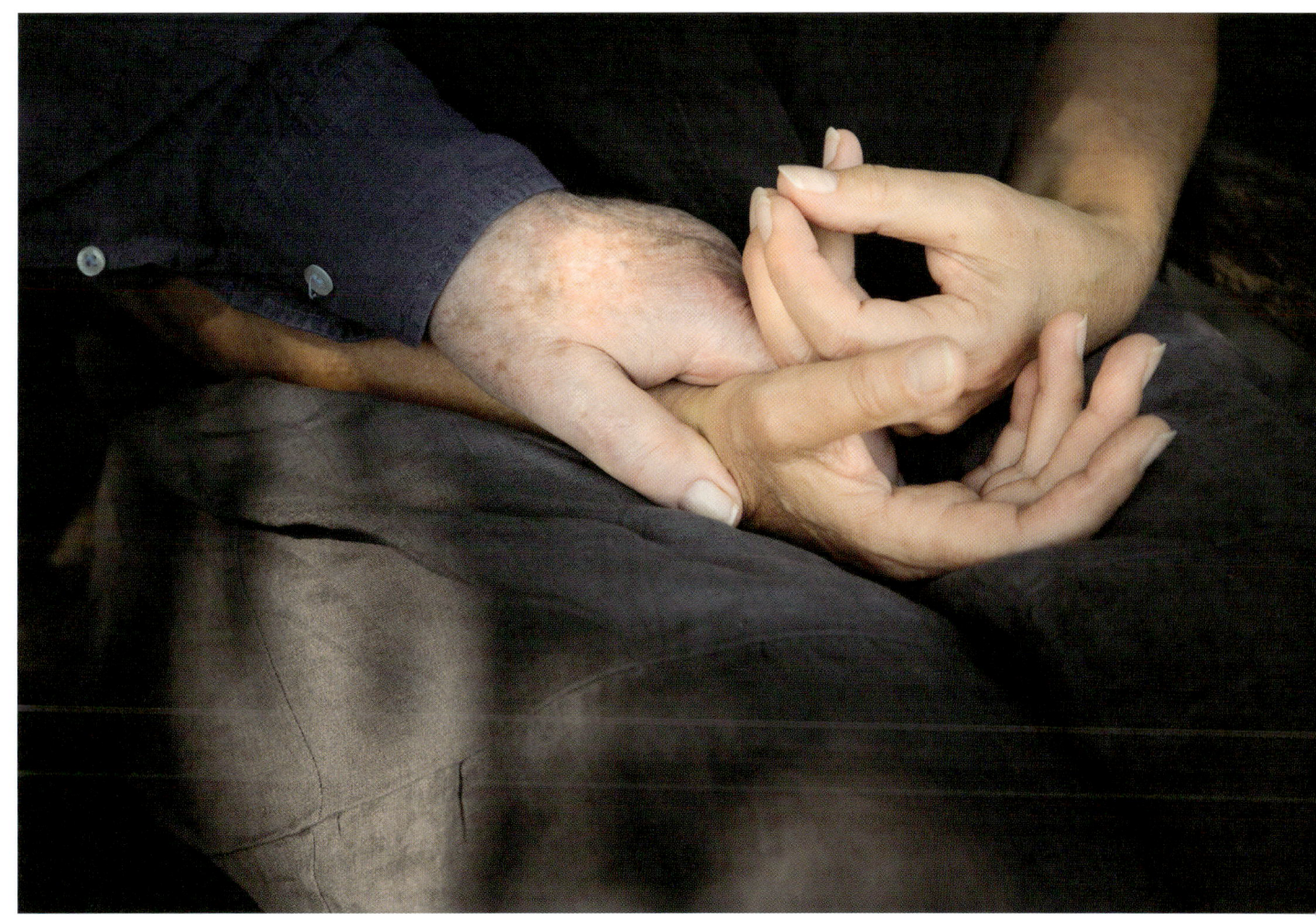

Franziska: Welchen Film meinst du?

Martin: »Endlose Aussicht«?

Franziska: Nein, das ist ein Schauspiel von Theresia.

Martin: Ich meine den Film, den der Jakob aus diesem Medium rausgeholt hat, aus dem man Filme holen kann. Wie heißt das noch mal?

Franziska: Mediathek.

Martin: Ja, der war aus der Mediathek. Ich weiß nicht mehr, worum es ging, aber du hast mich bewegt. Ich erinnere mich noch gut an deinen Ausdruck. Du warst vor allem ernst. Und ich war froh, dass du dem Film einen Ernsthaftigkeitsgrad gegeben hast, den er ohne dich nicht gehabt hätte. Ich lese übrigens gerade das Buch vom Jakob. Es fasziniert mich, aber es ist mir völlig fremd. Es geht auch um einen Vater und eine Tochter und erzählt eine Amerikareise, die dieser Vater mit der Tochter macht. Aber die Hauptfigur, die hat mit mir nichts tun. Ich zweifele geradezu, ob ich der Vater von Jakob bin.

Franziska: Ja, das kann passieren.

Martin: Und was meine vier Töchter betrifft: Ich bin glücklich, dass euch nichts so wichtig ist wie der Ausdruck, den ihr produziert. Auf diese oder diese oder jene Art. Das hat mich von Anfang an fasziniert, wie ihr alle auf unterschiedliche Weise mit dem Ausdrucksproblem fertigwerdet. Ich habe meine eigenen Probleme und ich bin glücklich, dass auch ihr Ausdrucksprobleme habt als Hauptprobleme. Das ist viel besser, als wenn ihr Zahnärztin wärt und nur mit der neuesten Technik der Zahnheilkunde zu kämpfen hättet. Es ist ein Glück, dass ihr alle Ausdrucksmenschen seid. Ein reines Glück. Das ist völlig egal, was dadurch für Probleme entstehen können. Mehr kann sich ein Vater kaum vorstellen. Ich nehme das ungern in den Mund, aber ich bin, was diese vier Töchter angeht, glücklich.

Franziska: Das ist aber schön gesagt. Das ist toll.

Martin: Jetzt haben wir uns doch zusehen lassen, wie wir miteinander sprechen. Es ist jetzt so, wie es natürlich vor fünf Jahren nicht war und vor zehn Jahren auch nicht.

Franziska: Das ist das Schöne. Nichts ist auf immer und ewig festgefügt, alle Beziehungen können sich verändern.

»Was meine vier Töchter betrifft«, sagt Martin Walser, »bin ich glücklich, dass euch nichts so wichtig ist wie der Ausdruck, den ihr produziert. Auf diese oder diese oder jene Art. Es ist ein Glück, dass ihr alle Ausdrucksmenschen seid.«

KATJA & KARL

DIE GLÜCKS-BRINGER

»Wenn mich mein Vater nicht ermutigt und unterstützt hätte, hätte ich das nicht geschafft.«

Für ihren Vater Karl war es keine große Überraschung, als Katja, die älteste seiner drei Töchter, zu ihm kam und sagte: »Papa, was muss ich tun, um Schornsteinfeger zu werden?«.

KATJA & KARL DIE GLÜCKSBRINGER

Wenn Katja Panner-Thorack und Karl Panner in Herne-Eickel über die Straße gehen, lächeln die Menschen. Sie bleiben stehen, kommen an den Gartenzaun, sie winken. Sie lächeln so, wie man es tut, wenn man eine alte Spielzeugkiste auf dem Speicher findet. Ein Hauch von fröhlicher Erinnerung durchweht die ganze Koloniestraße. Denn Katja und Karl sehen so aus, wie Glücksbringer immer schon ausgesehen haben: schwarze Jacke mit Goldknöpfen, Zylinder auf dem Kopf und den Besen mit der Stahlkugel über der Schulter. Der Schonsteinfeger ist da. Beziehungsweise die Schornsteinfegerin.

Katja und ihr Vater ziehen die Leiter auseinander und legen sie an die Hauswand des alten Bergmannhauses an. Dann steigen sie hoch bis zur Dachrinne. Und sie gehen auf der Dachleiter immer weiter hoch, aufrecht, ohne sich festzuhalten, bis zum Schornstein. Da wird einem allein vom Zuschauen ganz schwindelig. Aber Katja und Karl scheinen da oben in ihrem Element zu sein. Sie stehen neben dem Backsteinkamin und genießen die Aussicht auf ganz Herne-Eickel.

Die alte Bergarbeitersiedlung in der an so manchem Haus noch ein trotziges Glückauf steht, ist umgeben von stillgelegten Steinkohle-Dinosauriern. Pluto, Julia, Königsgrube, Shamrock, Hannibal. Stolze Namen und eine stolze Tradition. Und jetzt nichts mehr wert. »Die Kohleöfen, die gibt es fast nicht mehr«, sagt Vater Karl ein wenig wehmütig. Hier in der Siedlung gibt es gerade noch zwei.

Dass Katja eines Tages die Jacke mit den Goldknöpfen und einen schwarzen Zylinder tragen würde, war eigentlich schon vor 31 Jahren klar. Da war Katja fünf. Und wenn Karneval war und sie zu ihrem Onkel nach Köln fuhr, kam nur ein Kostüm infrage: Schornsteinfeger. Schwarze Jacke, schwarze Hose und ein Zylinder. Der Opa baute seiner Enkelin sogar eine kleine, leichte Holzleiter, die Katja über die Schulter schwang.

Diese Karnevalsschornsteinfegerin verfügte im Alter von fünf Jahren bereits über ein Jahr Berufserfahrung. Denn Katja durfte ab vier Vater Karl begleiten, durfte mit hoch aufs Flachdach und mit runter in den Heizungskeller. Wenn der Vater in den Mietshäusern klingelte und die beiden im Hausflur standen, rief die kleine Katja mit kräftiger Stimme: »Der Schornsteinfeger fegt jetzt!«

Wie konnte es also passieren, dass Katja mit 15, als sie kurz vor dem Abschluss stand, ihr Schulpraktikum in einem Kindergarten machte? »Keine Ahnung«, lacht sie, als wir bei einer Pause vor dem Kiosk der Familie Yilmaz sitzen. Yilmaz' haben uns für unser kurzes Gespräch mit einladender Geste ihre komplette Gartengarnitur überlassen, und da sitzen wir nun vor dem klassischen Ruhrpott-Kiosk, zwischen uns die Geranientöpfe. »Kindergärtnerin«, sagt Katja mit schmerzverzerrtem Gesicht, »das war der Traum aller Mädchen, also habe ich das auch gemacht. Aber nach einem Tag hätte ich nur noch um mich schlagen können. Frühlingsblumen basteln! Singen! Klatschen! Und das den ganzen Tag. Also neeee! Das war gar nichts für mich!«

Vater Karl nickt. Für ihn war es keine große Überraschung, als Katja, die älteste seiner drei Töchter, nach dem missglückten Ausflug in die ›Welt der Mädchen‹ zu ihm kam und sagte: »Papa, was muss ich tun, um Schornsteinfeger zu werden?«

Karl fragte bei den Kollegen herum, wer seine Tochter ausbilden würde. »Ich wollte sie auf keinen Fall selbst ausbilden. Sie sollte sich erst mal bei anderen bewähren.« Aber das war damals noch nicht so einfach. Eine Frau? Als Schornsteinfegerin? »Du bist eine Frau, du bist ja eh bald schwanger.« Oder: »Du schaffst die körperliche Arbeit doch gar nicht.« Das waren so die Klassiker, die Katja am Anfang zu hören bekam. Manche Schornsteinfeger rückten auch verlegen mit dem Geständnis heraus, dass die Ehefrau dagegen sei, eine Frau einzustellen. Denn als Schornsteinfeger arbeitet man den ganzen Tag zusammen, zu zweit, der Meister und der Geselle beziehungsweise die Gesellin. Das ist eine enge, vertrauensvolle Beziehung. Denn da oben auf den Dächern muss man sich aufeinander verlassen können. »Bis heute kommt es vor, dass die Ehefrau bei den Bewerbungsgesprächen dabeisitzt«, lacht Katja.

Aber dann bekam sie doch einen Ausbildungsplatz, sogar in Herne. Katja machte sich auf den Weg nach oben, hinauf auf die Dächer der Stadt und hinauf vom Gesellen zum Meister. Der Meister allein aber reicht noch nicht aus für das, was Katja so überaus liebt an ihrem Beruf: die Freiheit, die Unabhängigkeit und der beständige Kontakt mit Menschen. Dafür braucht der Schornsteinfeger und auch die Schornsteinfegerin noch etwas anderes: einen eigenen Kehrbezirk.

Früher gab es Wartelisten, und ein Bezirk wurde erst frei, wenn jemand in Rente ging oder starb. Heute wird ein Kehrbezirk alle sieben Jahre neu ausgeschrieben, europaweit. Mit entsprechender Konkurrenz. 36 Mitbewerber musste Katja aus dem Feld schlagen. Ein strenges Punktesystem regelt diesen heißen Wettkampf. Am Ende hatte sie es geschafft: in Recklinghausen – im Regierungsbezirk Münster die zweite Frau mit eigenem Kehrbezirk.

In der Lehre hätte Katja fast geschmissen. Die beiden Männer im Betrieb machten ihr das Leben schwer. Mobbing würde man heute dazu sagen. »Die hatten beide Stress mit ihren Ehefrauen und haben das mit heftigen Wutausbrüchen an mir ausgelassen.« Zu Hause hat Katja erst mal nichts gesagt. Lehrjahre sind keine Herrenjahre. Und Damenjahre schon gar nicht. Aber eines Tages bricht sie abends in Tränen aus: »Ich schmeiß hin.« Der Vater ist zur Stelle. Er hilft Katja über diese Klippe hinweg. Er bestärkt sie darin, dranzubleiben. Zusammen sprechen sie mit Katjas Chef – und sie beendet die Lehre in einem anderen Betrieb. »Wenn mich mein Vater damals nicht ermutigt und unterstützt hätte, hätte ich das nicht geschafft.«

Und wie reagieren die Menschen, wenn plötzlich eine Frau mit der Leiter vor der Tür steht? Am Anfang war das nicht einfach. »Da sind die Männer im Raum geblieben und haben 100 Mal nachgefragt, ob ich das auch alles richtig mache mit meinen langen, lackierten Fingernägeln«, lacht Katja. »Oder sie reißen mir schon mal die Leiter aus der Hand und wollen sie für mich tragen.« Und die Arbeitskollegen? Die grinsten, als sie Katja zum ersten Mal in der Dienstkleidung sahen.

Und grinsten noch mehr, als Katja nach bestandener Prüfung zunächst beim Vater arbeitete. Der Vater, der trägt ihr doch die Leiter und geht für die aufs Dach, hieß es. Und beim Schornsteinfegerstammtisch musste sich die Meisterin anhören: »Das kannst du uns doch nicht erzählen, dass du da raufgehst.« Katja haucht gelassen den Dampf ihrer E-Zigarette in die Luft. »Ich musste denen einfach immer wieder sagen, dass ich genau die gleiche Arbeit mache wie ein Mann.« Inzwischen scheint sich die Aufregung gelegt zu haben. Zu viele Frauen sind nachgerückt und haben bewiesen, dass die Sprossen einer Leiter auch eine Frau aufs Dach bringen. Und so mancher

KATJA & KARL   DIE GLÜCKSBRINGER

»Ich musste denen einfach immer wieder sagen, dass ich genau die gleiche Arbeit mache wie ein Mann«, sagt Katja. Inzwischen hat sich die Aufregung um ihren Beruf als Schornsteinfegermeisterin zum Glück etwas gelegt.

KATJA & KARL DIE GLÜCKSBRINGER

Schornsteinfeger stellt inzwischen sogar lieber Frauen ein. »Die kommen einfach besser beim Kunden an«, feixt Katja.

Warum eigentlich wird das Schornsteinfegen mit Glück verbunden? Im Mittelalter, wenn der Schornsteinfeger den Ruß aus den Kaminen holte, bedeutete das Sicherheit für Haus und Hof. Denn ein sauberer Kamin hieß, dass es nicht so leicht zu den früher häufigen Hausbränden kommen konnte.

Dass die Kugel in den Kamin geworfen wird, das ist inzwischen die Ausnahme. Heute ist viel Technik im Spiel, messtechnische Erfassungen der Gasheizungen, lüftungstechnische Berechnungen, Energieberatung. Dafür muss man immer auf dem neuesten Stand sein, sich immer wieder fortbilden. Und dann kommt noch die Büroarbeit dazu, die Abrechnungen, die Steuer. Hier sind natürlich die klassischen Familienbetriebe besser aufgestellt.

Aber Katjas Mann wollte nicht einsteigen ins Geschäft seiner Frau. Dazu schraubt er als Mechaniker zu gerne an Autos herum. Und so hat es auch heute eine Schornsteinfegermeisterin immer noch etwas schwerer als ein Meister, bei dem die Ehefrau oft den ›Bürokram‹ erledigt. Katja kennt das allerdings schon von ihren Eltern. Da arbeitet die Mutter für die Caritas und der Vater macht seinen Betrieb allein. Dennoch ist die Familie für nahezu alle Lebenslagen gerüstet: Die mittlere Schwester ist Heizungs- und Sanitärinstallateurin und die jüngste medizinische Fußpflegerin. »Die letzte kommt mehr nach der Mutter«, sagt Karl.

Er selbst ist mit einem Vater aufgewachsen, der wenig Zeit für die Kinder hatte. Der heute 62-jährige Karl wollte es anders machen. So ging er mit den drei Mädchen klettern, schwimmen, Fahrrad fahren. Er war der erste Vater, der beim »Mutter-Kind-Turnen« mitgemacht hat, allein unter Müttern. »Heute ist das ja normal«, sagt er, »aber damals war das was Ungewöhnliches.«

So, jetzt müssen wir aber. Frau Yilmaz bietet uns noch einen türkischen Tee an, aber ich will noch schnell eine der letzten Kohleheizungen sehen. Also räumen wir die Sitzgarnitur, Vater, Mutter und Tochter Yilmaz winken, und wir fahren zurück zur Koloniestraße, in den Keller des alten Bergmannshauses. Und da steht tatsächlich noch ein Kohleofen mit echtem Ruß. Die Klappe klemmt etwas, aber Katja hat sie mit fachmännischem Griff rasch aufgedreht. Und dann wird ein bisschen gestochert. Ein schneller Blick auf den Dachboden sagt Vater und Tochter, dass hier alles in Ordnung ist. Ein Hausbewohner taucht auf. Der typische Ruhrpottler, so scheint mir, mit Backenbart und herzlich-melancholischem Blick. Er steht im Türrahmen und verabschiedet uns.

»Bis zum nächsten Jahr«, sagt Karl und fügt hinzu: »Wenn der Kohleofen dann noch da ist.« Der Mann macht noch ein Foto von uns dreien, der Reporterin, der Schornsteinfegerin und dem Schornsteinfeger. Und sagt: »Na klar ist der noch da.« Und dann schiebt er ein halb müdes, halb kämpferisches »So schnell lassen wir uns doch hier nicht unterkriegen« nach.

Beim Abschied berühre ich, wie zufällig, nochmal schnell den Ärmel von Katja. Und eines will ich noch wissen: Warum kommen die Frauen eigentlich heute besser bei den Kunden an als die Männer? Katja überlegt nicht lange: »Viele sagen, eine Frau als Schornsteinfegerin bringt doppelt Glück.« Na dann.

© 2021, Elisabeth Sandmann Verlag GmbH, München
ISBN 978-3-945543-83-2
Alle Rechte vorbehalten
Fotografien und Texte: Bettina Flitner
Einige der Porträts sind in einer ersten Version in EMMA erschienen.
Wir danken für die freundliche Kooperation.
Lektorat: Eva Römer
Gestaltung und Satz: Sofarobotnik, Augsburg & München
Herstellung und Lithografie: Jan Russok
Druck und Bindung: ForPress, Nitra
Besuchen Sie uns im Internet unter www.esverlag.de